I0901728

«Cada día aborrezco más y más al diablo,
y he prometido que, si es posible, mediante la
predicación de la Palabra de Dios, me esforzaré
por socavar los cimientos de su reino».

CHARLES HADDON SPURGEON

La misión de *Editorial Portavoz* consiste en proporcionar productos de calidad —con integridad y excelencia—, desde una perspectiva bíblica y confiable, que animen a las personas a conocer y servir a Jesucristo.

Título del original: *Teaching and Preaching God's Word* © 2013 por Charles H. Campbell y publicado por The Always Be Ready Apologetics Ministry, P. O. Box 130342, Carlsbad, CA 92013. Traducido con permiso.

Traducción: José Luis Martínez
Revisión: Ismaela Vargas y Débora Vila

Las cursivas añadidas en los versículos bíblicos son énfasis del autor.

Las palabras de Charles Spurgeon mencionadas en la página anterior se tomaron de su sermón «Antídoto contra las artimañas de Satanás», predicado en 1858.

EDITORIAL PORTAVOZ
2450 Oak Industrial Dr. NE
Grand Rapids, Michigan 49505 USA
Visítenos en: www.portavoz.com

ISBN 978-0-8254-5618-3 (rústica)
ISBN 978-0-8254-6413-3 (Kindle)
ISBN 978-0-8254-7930-4 (epub)

2 3 4 5 / 18

Impreso en los Estados Unidos
Printed in the United States of America

«Los libros y materiales de Charlie Campbell son excelentes… están muy bien pensados y escritos… No se los pierda, pues enriquecerán su mente, conmoverán su alma y bendecirán su corazón».

Dr. Ed Hindson
Profesor distinguido de Religión en *Liberty University*

ENSEÑE Y PREDIQUE LA PALABRA DE DIOS

Pasos prácticos y sugerencias sabias para sembrar la Palabra de Dios

CHARLIE H. CAMPBELL

EDITORIAL PORTAVOZ

Dedicado con amor y gratitud
a todas las personas que Dios ha llamado,
está llamando, y llamará a «¡Predicar la Palabra!».

RECONOCIMIENTOS

Muchos hombres han ejercido un papel importante en la formación de las ideas de este libro, demasiados para que los enumere aquí; pero entre ellos destacan: Charles Spurgeon, G. Campbell Morgan, Martyn Lloyd-Jones, F. B. Meyer, Richard Baxter, Ray Stedman, Warren Wiersbe, Brian Brodersen, Greg Laurie, Chuck Smith, Alistair Begg, John MacArthur, Richard Mayhue, Haddon Robinson, John Stott, Bryan Chapell y Al Mohler. Sus artículos y libros sobre el tema de la predicación y el ejemplo de su vida fuera del púlpito han sido de gran beneficio para mí.

Estoy también muy agradecido a mi esposa Anastasia y a nuestros cinco hijos: Selah, Addison, Caden, Emerie y Ryland. Contar con su amor, apoyo, oraciones y ánimo mientras escribía estas páginas fue una bendición.

Mi más profunda gratitud es para mi gran Dios y Salvador, Jesucristo. Él me salvó y continúa sosteniéndome con su abundante gracia. Mi mayor bendición es conocerlo y darlo a conocer. Él es la razón de mi vida y de mis escritos, y es una bendición servirle.

CONTENIDO

11. Tome en cuenta la opción de enseñar versículo por versículo a través de libros completos de la Biblia en lugar de hacerlo por temas.
12. Evite dar por sentado que sus oyentes conocen de la Biblia más de lo que aparentan.
13. Plantéese las seis grandes preguntas a medida que estudia y se prepara.
14. Considere la opción de seguir estos pasos que sugiero, mientras prepara un sermón.
15. Asegúrese de que los versículos que estudia (o cita) en verdad apoyan la enseñanza que quiere impartir interpretándolos correctamente en su propio contexto.
16. Dirija a las personas a Jesús.
17. Tome en cuenta que por lo general en toda reunión promedio están presentes al menos cinco tipos de personas.
18. Asegúrese de consultar varias traducciones de las Escrituras, mientras prepara su sermón.
19. Aclare las dificultades que aparezcan en el pasaje que enseña.
20. Compruebe sus conclusiones con fuentes confiables.
21. Evite enseñar a sus oyentes simplemente *qué* significa un pasaje; muéstreles *por qué* significa eso.
22. Tome en cuenta estos siete pasos como un posible marco de la entrega de su sermón.
23. Predique sobre un Dios grande.
24. Procure hacer hincapié en lo que *Dios* ha hecho por las personas, no en lo que las *personas* han hecho por Dios.
25. Sea preciso al citar estadísticas.
26. Sea exacto al referir historias.
27. Evite la aliteración al formular sus puntos.
28. No lleve a sus oyentes a una aparente excursión interminable por las páginas de toda la Biblia.
29. Recuerde que, donde las Escrituras no dicen nada, no es necesaria la especulación.
30. Sea cuidadoso con la frecuencia con la que se refiere al griego y al hebreo.

POR QUÉ ESCRIBÍ ESTE LIBRO

No conozco, en este lado de la eternidad, ninguna bendición más grande que un hombre se ponga de pie semana tras semana con la Palabra de Dios en sus manos y el Espíritu de Dios en su corazón para proclamar la verdad de Dios en la vida del pueblo de Dios. ¡Qué bendición es escudriñar en profundidad su Palabra y luego llevar esos descubrimientos, esos tesoros extraídos, al púlpito para que el Creador del universo los comunique al pueblo!

Durante los últimos veinte años, Dios me ha bendecido con este privilegio maravilloso. Lo disfruto mucho. Pero, por supuesto —y estoy seguro de que voy a escuchar un amén muy sincero de aquellas personas que predican regularmente—, no es tarea fácil. Algunos predicadores hacen que parezca sencilla, pero todos los que la hemos llevado a cabo sabemos que no lo es. La enseñanza de la Palabra de Dios es un ministerio exigente por diversas razones.

Sabiendo que así es, todos los años docenas de personas que se sienten llamadas a enseñar la Palabra de Dios o que son nuevas en esa labor, me hacen esta pregunta:

> **¿Qué consejo o recomendación le daría a alguien como yo en relación con la preparación y enseñanza de un sermón?**

No me hacen esta pregunta porque me consideren un gran predicador. Estoy seguro de que esa no es la razón. Creo que solo desean hablar con alguien que lleva enseñando más tiempo que ellos con la esperanza de recibir algún consejo útil y palabras de ánimo.

Me encanta que me hagan esta pregunta por un par de razones. Primera, es una bendición ver que Dios está levantando nuevos obreros para llevar a cabo la Gran Comisión (Mt. 28:19). Cada generación necesita una nueva ola de maestros para llenar las filas de los que se han ido al cielo, se han trasladado a otros ministerios, o vieron naufragar su ministerio por una u otra causa. También existe la necesidad de maestros que lleven la Palabra de Dios a zonas donde existe gran carencia de buena predicación. Escuchar la pregunta anterior me recuerda que Dios *está* levantando obreros. Y nosotros podemos alabarlo por eso.

Segunda, me gusta la humildad que se requiere para hacer esa pregunta. El orgullo, enemigo siniestro de una predicación sobresaliente, susurra: «No pidas ayuda. ¡Ya eres genial!». Se precisa humildad para pedir consejo y ayuda. La persona que busca consejo o ánimo para la predicación se da cuenta de que todavía no ha llegado a ser maestro. Entiende que tiene oportunidad de crecer y mejorar —igual que todos—. Dios ama este tipo de humildad. «Dios resiste a los soberbios, y da gracia a los humildes» (Stg. 4:6).

Así, pues, me encanta hablar con otras personas acerca de la predicación, no solo porque les transmito algo de lo que he aprendido y en lo que he reflexionado a lo largo de los años, sino porque lo usual es que yo también termino recibiendo algo de la otra persona. «El hierro se afila con el hierro, y el hombre en el trato con el hombre» (Pr. 27:17, NVI). Lamentablemente, por lo general solo conseguimos hablar unos minutos antes que alguien se acerque con otra pregunta, suene un teléfono celular, o se haya terminado el almuerzo, etc. La persistencia de esta pregunta es una de las razones por las que decidí escribir este libro.

Para ser franco, cuando me lancé a escribir este libro lo hice con cierto temor. ¿Qué hombre en su sano juicio se pone a escribir un libro sobre predicación? ¿Quién soy yo para compartir mis pensamientos, ideas y consejos sobre predicación con otros pastores y maestros? Quiero decir que entiendo por qué Charles Spurgeon, Warren Wiersbe, Martyn Lloyd-Jones, Alistair Begg y otros decidieron escribir libros sobre el tema. ¿Pero *yo*? ¿Acaso no sé que la mayoría de los pastores y maestros están demasiado ocupados preparando sermones como para dedicarse a leer un libro acerca de la preparación y predicación de sermones?

Preguntas de esa naturaleza probablemente hayan matado infinidad de libros sobre este tema antes de que sus autores se animaran a escribirlos. Esas preguntas me acosaron como una jauría de perros salvajes durante meses cuando yo oraba y pensaba en escribir este libro. Pero ¿qué va a hacer un hombre que lleva la carga en su corazón de escribir sobre estas cosas? Decidí poner mi mano en el arado, empezar con la tarea y dejar que Dios lidiara con los perros. El libro que tiene en sus manos es el resultado.

En las páginas que siguen encontrará docenas de sugerencias, ideas y exhortaciones concisas y palabras de aliento para la preparación y la predicación de sermones.

Cada capítulo es completo en sí mismo. Es decir, son independientes unos de otros. Usted no tiene que comprender un concepto en un capítulo anterior para entender algo en los que continúan. Esto significa que puede leer el libro en el orden que quiera. De hecho, la primera vez que escribí los diferentes capítulos, seguí un orden completamente aleatorio, a medida que determinados temas me venían a la mente. Y casi los dejé en el libro de esa manera. Fue cerca del final cuando, al establecer el índice del contenido, decidí disponer los capítulos en un orden determinado. Lo hice así con la esperanza de que fuera de mayor beneficio para el lector, pero incluso ahora, mientras escribo estas líneas, me pregunto si el libro no resultaría más divertido si la lectura de cada capítulo fuera por completo ajena al anterior y al siguiente. Sea como sea, lo animo a leer todo el libro, pero no dude en consultar el índice de contenido y buscar los capítulos que considere de más provecho, y esos léalos primero.

A propósito, escribí los capítulos de forma concisa con la esperanza de que al lector ocupado se le volviera más fácil digerir el contenido del libro a bocados pequeños.

En cualquier caso, mi estimado amigo, ruego a Dios que tenga a bien utilizar este libro para ayudarle a usted mientras permanece con el pueblo del Señor y lo alimenta durante su peregrinación hacia el cielo.

Charlie Campbell
6 de marzo de 2013
Carlsbad, California

¿HA SIDO USTED DOTADO Y LLAMADO A ENSEÑAR?

Todos los cristianos deberían buscar oportunidades para enseñar a las personas las Escrituras y hacer discípulos (Dt. 6:7; Mt. 28:19-20). Al escribir a los creyentes en Colosas, el apóstol Pablo los exhortó:

> La palabra de Cristo more en abundancia en vosotros, *enseñándoos* y exhortándoos unos a otros en toda sabiduría, cantando con gracia en vuestros corazones al Señor con salmos e himnos y cánticos espirituales (Col. 3:16).

Por tanto, todos los creyentes deben ser maestros en algún sentido, ministrando la Palabra de Dios «unos a otros» dentro del cuerpo de Cristo, a nuestras familias, en nuestra esfera de influencia, etc. No obstante, Dios ha bendecido a la iglesia con ciertos individuos que Él ha *dotado* específicamente para que sean maestros. La Biblia afirma:

> Y él mismo constituyó a unos, apóstoles; a otros, profetas; a otros, evangelistas; a otros, pastores y *maestros*, a fin de perfeccionar a los santos para la obra del ministerio, para la edificación del cuerpo de Cristo (Ef. 4:11-12).

Dios ha dotado y llamado a ciertas personas para que preparen a los santos (los redimidos) para la obra del ministerio. Estos a menudo son los pastores, los maestros de escuela dominical, los líderes de grupos pequeños que se reúnen en casas, líderes de ministerios para la mujer, etc., dentro de la iglesia.

Una pregunta que con frecuencia asoma a la mente de aquellos que piensan que quizá hayan sido llamados a ser uno de estos maestros es:

> **¿Cómo puede una persona discernir si ha sido nombrada (llamada por Dios) para este tipo de ministerio de enseñanza?**[1]

Tal vez usted ha hecho esa pregunta.

Cuando una persona me la plantea, me gusta responderle con tres preguntas con el fin de ayudarla a descubrir la dirección en la que Dios quizá la esté llevando. Creo que sus respuestas a menudo son muy reveladoras en cuanto a si Dios la está llamando o no a una función docente. Estas son las preguntas:

- ¿Siente un fuerte *deseo* de enseñar?
- ¿Se siente *dotado* para enseñar?
- Después de que usted enseña, ¿el pueblo de Dios responde de una forma *alentadora*? (¿El pueblo de Dios da evidencias de haber quedado genuinamente agradecido y bendecido por su enseñanza?)

Las que siguen son las razones por las que planteo estas preguntas específicas.

1. ¿Siente un fuerte deseo de enseñar?

Una de las maneras en que Dios nos dirige a cumplir su voluntad en nuestra vida es plantando sus deseos en nuestro corazón. El salmista exhortó: «Deléitate asimismo en Jehová, y él te concederá las *peticiones*

---

[1] A lo largo de este libro me refiero a los maestros de la Palabra de Dios con pronombres masculinos. Bajo ningún concepto pretendo disminuir la importancia del papel que desempeña la mujer en el cuerpo de Cristo enseñando a las mujeres y los niños (Tit. 2:3-4). Confío en que muchas mujeres que enseñan la Biblia puedan encontrar ánimo y ayuda en las páginas de este libro.

de tu corazón» (Sal. 37:4). La Biblia señala que Dios es el que «en vosotros produce así el *querer* como el hacer por su buena voluntad» (Fil. 2:13).

Si usted siente el deseo de enseñar la Palabra de Dios a los demás —si siente carga por el bienestar del pueblo de Dios— si su corazón anhela abrir la Palabra de Dios y aconsejar a otros con su verdad, si siente que *debe* enseñar, esa es una buena indicación de que Dios lo ha llamado a enseñar.

Jeremías expresó: «Su palabra en mi interior se vuelve un fuego ardiente que me cala hasta los huesos. He hecho todo lo posible por contenerla pero ya no puedo más» (Jer. 20:9, NVI). En otras palabras, Jeremías confesó: «*Tenía* que dar a conocer su Palabra. No podía permanecer en silencio».

Si usted siente ese tipo de deseo, es bastante seguro asumir que Dios lo plantó en su corazón. El hombre natural no tiene esos deseos y el creyente carnal tampoco los tiene. Por lo general, quien siente esos deseos es el creyente que está siendo guiado por el Espíritu Santo hacia la enseñanza. En cualquier caso, si usted siente el deseo de enseñar, es el momento de empezar a orar y pedir al Señor sabiduría con respecto a qué hacer con ese deseo.

2. ¿Se siente dotado para enseñar?

Creo que cuando Dios llama a una persona para enseñar, Él le concede el don de la enseñanza. El apóstol Pedro escribió:

> Cada uno según el don que ha *recibido, minístrelo* a los otros, como buenos administradores de la multiforme gracia de Dios. Si alguno habla, hable conforme a las palabras de Dios (1 P. 4:10-11a).

El ministerio de glorificar a Dios se cumple cuando las personas usan los dones que Dios les dio para bendecir a otros. La verdadera prueba de que una persona ha sido llamada a enseñar se verá cuando muestre su *capacidad* para enseñar. Pablo exhortó:

> Lo que has oído de mí ante muchos testigos, esto encarga a hombres fieles que sean *idóneos para enseñar* también a otros (2 Ti. 2:2).

Pablo continúa instruyendo en ese mismo capítulo:

> Porque el siervo del Señor no debe ser contencioso, sino amable para con todos, *apto para enseñar*, sufrido; que con mansedumbre corrija a los que se oponen (2 Ti. 2:24-25a).

Y de nuevo Pablo le advierte a Timoteo:

> Pero es necesario que el obispo sea irreprensible, marido de una sola mujer, sobrio, prudente, decoroso, hospedador, *apto para enseñar* (1 Ti. 3:2).

¿Cómo podemos determinar si una persona es «apta para enseñar»? En pocas palabras, cuando alguien es capaz de enseñar, la audiencia saldrá del tiempo de enseñanza *entendiendo* qué significa la Palabra de Dios y cómo aplicarla a su vida. Esto no quiere decir que la persona llamada a enseñar se convertirá en un maestro excepcional el primer o segundo año que enseñe, pero su capacidad para enseñar debe *progresar* (1 Ti. 4:13-15).

3. Después de que usted enseña, ¿el pueblo de Dios responde de una forma alentadora?

Lo pregunto porque, cuando una persona ha sido dotada para enseñar, el pueblo de Dios, al menos algunos de ellos, se unirán para apoyar al buen maestro con gratitud y fomentarán la retroalimentación. Ellos saben que un buen maestro es un gran don (Ef. 4:11) para una comunidad de creyentes y no quieren que se detenga o que abandone prematuramente la tarea.

Si usted ya está enseñando en algún lugar, pero se cuestiona si en verdad ha sido *llamado* a un ministerio de enseñanza, debería examinar lo que sucede en el sitio donde enseña. Es posible que no esté llamado a enseñar si:

- Las visitas nuevas solo se presentan un par de veces y luego reservadamente desaparecen[2]

---

[2] Por supuesto, existen muchas razones por las que las visitas nuevas no se quedan. Quizá vengan de fuera de la ciudad. Tal vez no les guste la forma de adorar, la decoración del templo, los asientos incómodos, la temperatura del local, etcétera. Pero la gente suele tolerar un buen número de deficiencias si la enseñanza es buena.

- Nadie le obsequia comentarios positivos después de su enseñanza
- Nadie le anima a seguir enseñando

Si estas tres situaciones describen lo que continuamente sucede cuando usted enseña, lo animo a que acompañado de amigos sinceros y fieles converse y ore a Dios para discernir si en realidad Él lo ha llamado o no a un ministerio de enseñanza. Tal vez lo haya hecho, pero usted ha comenzado a ejercitar su don a un paso un poco lento. La otra posibilidad es que Dios no lo haya llamado al ministerio de enseñanza y haya preparado algo que usted deba cumplir. Además del ministerio docente, existen otras formas muy diversas de servir en la iglesia hoy día.

Si usted cree que Dios lo ha llamado a enseñar, por favor, siga leyendo.

EL CORAZÓN Y EL CARÁCTER DEL PREDICADOR

1. Cultive una relación profunda, personal y amorosa con el Señor.

«La buena predicación comienza con una profunda relación con Dios. Es imposible que un predicador pueda compensar una relación que se ha enfriado, "porque de la abundancia del corazón habla la boca"».[3]

J. Kent Edwards

La más alta prioridad de todo aquel que quiera enseñar la Palabra de Dios al pueblo del Señor es conocer y amar a Dios de manera personal, íntima y profunda. Él advierte:

> No se alabe el sabio en su sabiduría, ni en su valentía se alabe el valiente, ni el rico se alabe en sus riquezas. Mas alábese en esto

[3] J. Kent Edwards, *Deep Preaching* (Nashville, Tenn.: Broadman & Holman Academic, 2009), p. 44.

> el que se hubiere de alabar: en *entenderme* y *conocerme*, que yo soy Jehová, que hago misericordia, juicio y justicia en la tierra; porque estas cosas quiero, dice Jehová (Jer. 9:23b-24).

La sabiduría en la enseñanza es importante, así como también la fortaleza, pues predicar requiere gran esfuerzo. Pero nada es tan importante como conocer y amar a Dios (Jn. 17:3; Mr. 12:28-30). El apóstol Pablo confiesa:

> Y ciertamente, aun estimo todas las cosas como pérdida por la excelencia del *conocimiento* de Cristo Jesús, mi Señor, por amor del cual lo he perdido todo, y lo tengo por basura, para ganar a Cristo (Fil. 3:8).

Pablo juzgó que todo lo que los hombres consideran como valioso carecía de valor en comparación con el conocimiento de Jesús. Por eso, para Pablo resultaba vital conocer al Señor. Y debe serlo para nosotros también.

Antes que ser un predicador, maestro o siervo en cualquier capacidad *para* el Rey, usted es un hijo —un hijo adoptivo— *del* Rey (Gá. 4:5; Ef. 1:5).[4] ¡Él lo adoptó! Y lo ama. Ante todo, Su preocupación principal no es por el ministerio de usted o su servicio, sino que se interesa en *usted*. Él quiere tener una relación personal con usted. Desea reunirse con frecuencia con usted y cenar juntos (Ap. 3:20). Él anhela saber qué guarda en su corazón (Pr. 15:8; 1 P. 5:7). Y, como su Padre amoroso, desea animarlo, enseñarlo y guiarlo. Él lo creó para eso mismo, para que lo conozca y disfrute de Él ahora y por toda la eternidad (Jn. 17:3).

Por tanto, antes de darle cualquier consejo práctico sobre enseñar, lo exhorto, mi hermano y compañero, a que ¡conozca bien a su Padre! Dedique tiempo a diario a meditar en las Escrituras. Reflexione sobre ellas y ore a Dios acerca de ellas con acción de gracias, alabanza y la determinación de obedecer; no para preparar sermones. Eso puede ocurrir más adelante en el día. Me estoy refiriendo a su propio tiempo de quietud que con regularidad celebra con el Señor. Durante ese tiempo

---

[4] Doy por sentado que todos los lectores de este libro han recibido el perdón de sus pecados, han nacido de nuevo y viven reconciliados con Dios.

con las Escrituras, usted no le pide a Dios: «¿Qué quieres que le diga a la *congregación*?». Le pregunta a Dios: «¿Qué quieres enseñarme a *mí*?». Porque, como un hijo, su tiempo a solas con su Padre *no debe usarlo para preparar* el próximo sermón que va a predicar. Use ese momento para bendecir a Dios y disfrutar de Él para su propio beneficio, su propia edificación.

Ahora, eso no quiere decir que conocer a Dios en profundidad no dejará sus huellas en sus sermones. Sin duda, lo hará. Las personas que conocen bien a Dios terminan siendo los mejores maestros. Piense en eso. ¿Prefiere escuchar una conferencia sobre el presidente Ronald Reagan dictada por alguien que haya leído un par de libros sobre él o por alguien que en verdad lo conoció en persona, alguien que vivió con él, comió con él, e incluso fue su hijo adoptivo?[5] No sé en cuanto a usted, pero en cuanto a mí, prefiero escuchar a la persona que conoció a «Ronnie» personalmente.

Creo que lo mismo se aplica al pueblo de Dios que tiene hambre de conocer al Señor. Ellos quieren escuchar a alguien que conoce a Dios profunda y personalmente, alguien cuya relación con el Señor sea más que académica. Es una relación genuina. Es profunda. Es rica. Es personal. Y eso se nota cuando se para frente al púlpito.

El pueblo de Dios se siente atraído por ese tipo de maestros. Y, para el predicador que se acerca regularmente a Dios y lo conoce de esa manera, la predicación no es monotonía; es gozo. Él no habla a los oyentes acerca de una deidad remota; les da a conocer la verdad sobre su «¡Abba!, ¡Padre!» (Ro. 8:15). Él es capaz de comunicar a la congregación lo que enseñan las Escrituras (porque ha estudiado debidamente el pasaje), pero también es capaz de compartir la abundancia de lo obtenido a lo largo de los años en sus momentos íntimos de meditación en la Palabra (Mt. 13:52). Él puede compartir de su propio cofre el tesoro insondable de lo que Dios le ha revelado en sus momentos de meditación en la Palabra. Y el pueblo de Dios se empapa por completo y obtiene mucho beneficio.

Así que, amigo, acérquese al Señor. Conózcalo bien.

---

[5] Michael Reagan es el hijo adoptivo del fallecido Ronald Reagan. Con frecuencia habla en público acerca de su padre.

2. Camine en santidad.

«Sino, como aquel que os llamó es santo,
sed también vosotros santos
en toda vuestra manera de vivir».

1 Pedro 1:15

Si conocer y amar a Dios es de suma importancia para la vida del predicador,[6] la santidad está ahí, muy cerca de la cabeza de la lista. Estoy de acuerdo con E. M. Bounds, que declaró:

> Lo que Dios necesita no es un gran talento o grandes estudios o grandes predicadores, sino hombres grandes en *santidad*, grandes en fe, en amor, y en fidelidad, grandes para Dios —hombres capaces de predicar sermones de *santidad* en el púlpito porque viven vidas *santas* fuera de él—. Ellos son capaces de moldear una generación para Dios.[7]

Estos hombres —«hombres grandes en santidad»— pueden moldear una generación para Dios. Si usted no es un hombre de Dios, se le va a volver difícil pararse delante del pueblo de Dios para predicarle su Palabra. Robert Murray M'Cheyne, influyente predicador escocés del siglo XIX, expresó: «La mayor necesidad de mi pueblo es mi santidad personal».[8] Tiene razón. No existe una manera más rápida para debilitar o hundir su ministerio de enseñanza que transigir con el pecado. ¿Por qué el pecado perjudica tanto la capacidad para enseñar de un predicador? El pecado:

- Entristece al Espíritu Santo (Ef. 4:30)
- Le produce sentimientos de vergüenza (Ro. 6:21)
- Lo priva del gozo de la salvación (Sal. 51:12)
- Empobrece su comunión con el Señor (1 Jn. 1:7)
- Causa dolor (Pr. 22:8; Sal. 118:15a)

---

[6] Véase el capítulo 1.
[7] E. M. Bounds, *Power through Prayer* (Chicago: Moody Prees, 1979), p. 14.
[8] Mcheyne.info/quotes.php

- Multiplica sus problemas (Pr. 11:27)
- Lo conduce a más pecado (Ro. 6:19)
- Deshonra a Dios (1 Co. 6:19-20)
- Estorba su vida de oración (1 P. 3:7, 12)
- Hace que su vida espiritual carezca de poder (1 Co. 9:27)
- Frena la llegada de las cosas buenas de Dios (Jer. 5:25)
- Estorba su crecimiento espiritual (1 Co. 3:1)
- Le acarrea castigo del Señor (He. 12:5-7)
- Anula su capacidad de ser un vaso apto para el uso del Señor (2 Ti. 2:21)
- Contamina su compañerismo cristiano (1 Co. 10:21)
- Impide que participe debidamente de la Cena del Señor (1 Co. 11:28-29)
- Lo lleva a la corrupción (Ro. 6:21; Gá. 6:7-8)
- Expone al peligro su vida y salud física (1 Co. 11:30; 1 Jn. 5:16)[9]

No es de extrañar que Pedro haya exigido: «sed santos… en toda vuestra manera de vivir» (1 P. 1:15). El precio del pecado es más alto de lo que usted desea pagar.

Así, pues, dé prioridad a la santidad. Tenga cuidado con lo que permite entrar en su casa y en su mente. Sea cuidadoso con las amistades que cultiva. Instale, en su computadora, tableta electrónica y en su teléfono celular, un *software* que bloquee o controle el acceso a páginas de la Internet de dudosa reputación. Ore por una vida santa y victoriosa. Ore por santificación. Pida a Dios que lo libre de caer en las trampas que el diablo le pueda tender. Sea un vaso de honra, un vaso al que Dios encuentre continuamente útil para Él. Pablo exhortó:

> Así que, si *alguno se limpia* de estas cosas, será instrumento para honra, santificado, *útil al Señor*, y dispuesto para toda buena obra. Huye también de las pasiones juveniles, y sigue la justicia,

[9] Muchos de estos se adaptaron de «Romanos 7:14-25»: *Comentario MacArthur del Nuevo Testamento: Romanos 1—8* (Grand Rapids, Mich.: Editorial Portavoz, 2010) pp. 423-440.

> la fe, el amor y la paz, con los que de corazón limpio invocan al Señor (2 Ti. 2:21-22).

¿Quiere ser útil al Señor? Camine en santidad.

3. Ame a las personas a las que predica.

«Nosotros sabemos que hemos pasado de muerte a vida, en que amamos a los hermanos».

1 JUAN 3:14

Cuando George Pentecost terminó un discurso en la ciudad de Edimburgo, Horatius Bonar apoyó su mano sobre su hombro y le dijo:

—Te gusta predicarles a los hombres, ¿no es cierto?

Y el doctor Pentecost respondió:

—Sí.

Entonces el señor Bonar volvió a preguntar:

—¿Amas a los hombres a quienes les predicas?[10]

Amar predicar es una cosa, pero amar a aquellos a los que se les predica es otra muy distinta.

Algunos maestros terminan amando la lectura, el estudio, la enseñanza y el ministerio más de lo que aman al pueblo. Eso no debería suceder.

> Si yo hablase lenguas humanas y angélicas, y no tengo amor, vengo a ser como metal que resuena, o címbalo que retiñe. Y si tuviese profecía, y entendiese todos los misterios y toda ciencia, y si tuviese toda la fe, de tal manera que trasladase los montes, y no tengo amor, nada soy (1 Co. 13:1-2).

La principal motivación para leer, estudiar y preparar sermones debería ser nuestro amor por Dios y por la gente. Nuestro amor por las personas nos lleva a querer lo mejor para ellas. Y creemos que enseñarles la Palabra de Dios las guiará hacia una vida más perfecta, una vida que glorificará a Cristo y las llevará a recibir lo mejor de Dios. Por tanto, *esa*

---

[10] *Illustrations of Bible Truths*, compilado por Ruth Peters, QuickVerse.

es la razón por la que leemos, estudiamos y preparamos sermones. Dios no permita que desordenemos nuestras prioridades ni tengamos más amor por el estudio y el desarrollo del sermón que por el Salvador y los santos para quienes preparamos los sermones. Estoy de acuerdo con Wallace Benn, que señala:

> Mi preocupación es que los predicadores tienen poco contacto pastoral con las personas comunes, salvo en casos de emergencia... En efecto, debemos admitir con sinceridad que, al parecer, a algunos predicadores no les gusta mucho relacionarse con el pueblo. Esquivan el contacto con la gente, y a veces se justifican explicando que creen en la prioridad de la predicación... Yo creo apasionadamente en la prioridad de la predicación, pero esa pasión no debe usarse para alejarnos de la relación con las personas.[11]

Como ha sido llamado por Dios para enseñar su Palabra, lo animo a que:

- Cultive la relación con aquellas personas a quienes enseña
- Hable con ellas después de la enseñanza
- Procure conocerlas
- Sea parte de su vida
- Averigüe cómo les va en su vida
- Visítelas en el hospital
- Coman juntos de vez en cuando
- Escúchelas cuando le hablen de sus luchas
- Ore por ellas mientras se reúnen[12]

Pasar tiempo con las ovejas no solo las beneficiará a ellas, sino también favorecerá su predicación. Será mucho más fácil conocer las preguntas, necesidades, luchas y desafíos de sus oyentes cuando usted se relacione con su rebaño.

---

[11] Wallace Benn, «Preaching with a Pastor's Heart: Richard Baxter's *The Reformed Pastor*» en *Preach the Word: Essays on Expository Preaching in Honor of R. Kent Hughes* (Wheaton, Ill.: Crossway Books, 2007), p. 134.

[12] No solo diga: «Oraré por ustedes». ¡Ore por ellos ahí mismo!

4. Acuda con frecuencia al trono de la gracia.

«¡Qué poco tiempo pasa el cristiano promedio en oración! Estamos demasiado ocupados para orar, y, por tanto, estamos demasiado ocupados para tener poder. Tenemos mucha actividad, pero logramos poco; muchos cultos, pero pocas conversiones; mucha maquinaria, pero pocos resultados».[13]

R. A. TORREY

Preparar sermones y predicar no es tarea fácil. Es muy temerario lanzarse a la tarea de estudiar y preparar un sermón sin antes haber buscado humildemente la ayuda de Dios. Sin duda alguna, este trabajo necesita la bendición de Dios si es que vamos a hacerlo bien y para su gloria. El camino para acceder a la ayuda que Dios quiere ofrecernos es la oración. Las Escrituras están llenas de estímulo para orar.

- Abraham oró, y Dios sanó a Abimelec y las mujeres pudieron tener hijos (Gn. 20:17)
- Moisés oró, y Dios suspendió su juicio contra Israel (Nm. 14)
- Josué oró, y el sol se detuvo (Jos. 10)
- Ana oró, y engendró hijos (1 S. 1:11-20)
- Elías oró, y dejó de llover por tres años y medio (1 R. 17—18)
- Ezequías oró, y se le añadieron quince años a su vida (2 R. 20:1-6)
- Zacarías y Elisabet oraron, y Juan fue concebido (Lc. 1:13)

---

[13] Rueben Archer Torrey, *How to Obtain Fullness of Power in Christian Life and Service* [*Cómo obtener la plenitud del poder en la vida y en el servicio*] (Wheaton, Ill.: Sword of the Lord Publishers, 1897), p. 81. Publicado en español por Casa Bautista de Publicaciones.

- Jesús oró por Pedro para que la fe no le faltara, y Pedro dirigió la iglesia primitiva (Lc. 22:32)
- La iglesia oró por valentía ante las amenazas del Sanedrín, y el Espíritu Santo los fortaleció para que hablaran «con denuedo la palabra de Dios» (Hch. 4:31)
- La iglesia oró, y Dios liberó a Pedro de la cárcel (Hch. 12:5)

Estos son recordatorios alentadores de que, en efecto, «la oración eficaz del justo puede mucho» (Stg. 5:16). Por tanto, ore por su tiempo de estudio. Ore por el rebaño. Ore por usted mismo. Ore por la enseñanza. «Acerquémonos, pues, confiadamente al trono de la gracia, para alcanzar misericordia y hallar gracia para el oportuno socorro» (He. 4:16).

5. Confíe en el poder del Espíritu Santo.

«Y todos fueron llenos del Espíritu Santo, y hablaban con denuedo la palabra de Dios».

HECHOS 4:31

Richard Baxter, pastor apreciado y teólogo puritano del siglo XVII, advirtió:

> Nuestro trabajo requiere gran habilidad y, sobre todo, una vida y celo superiores a lo que cualquiera de nosotros lleva consigo. No es poca cosa pararse frente a una congregación y entregar un mensaje de salvación o condenación de parte del Dios vivo, en el nombre del Redentor. No es cosa fácil hablar tan sencilla y claramente que los más ignorantes nos puedan entender; y con tanta seriedad que los corazones más endurecidos nos puedan sentir; y de manera tan convincente que se queden callados los quisquillosos[14] que contradicen.[15]

---

[14] Los que hacen objeciones mezquinas o innecesarias.

[15] Richard Baxter, *The Reformed Pastor* [*El pastor renovado*] (Grand Rapids, Mich.: Sovereign Grace Publishers, 1971), p. 117. Publicado en español por Estandarte de la Verdad.

Muy cierto. Afortunadamente, Dios no le ha pedido que prepare sus sermones o se pare delante de su pueblo dependiendo de su propia fortaleza (Ef. 6:10). La Biblia dice que la persona que sirve, cualquiera que sea su capacidad, deberá hacerlo mediante el poder que Dios le proporciona. En 1 Pedro 4:11 leemos:

> Si alguno habla, hable conforme a las palabras de Dios; si alguno ministra, *ministre conforme al poder que Dios da*, para que en todo sea Dios glorificado por Jesucristo, a quien pertenecen la gloria y el imperio por los siglos de los siglos. Amén.

¿Cómo se puede enseñar «conforme al poder que Dios da»? Es necesario ver que el poder es algo que Dios da, usted no tiene que fabricarlo por su cuenta. La manera de acceder a ese poder es por medio de la oración (Lc. 21:36).

Antes de enseñar, pido a Dios que me llene con el poder de su Espíritu Santo. Le declaro que quiero ministrar con el poder que Él provee (Zac. 4:6). Le confieso que aparte de Él, no puedo hacer nada (Jn. 15:5). Oro pidiendo su ayuda. Oro por visión. Oro por humildad, valentía, amor y para que recuerde bien lo que he estudiado. Oro pidiendo que me dé un mensaje claro para comunicar lo que Él quiere que yo proclame. Le pido que su pueblo resulte «edificado, exhortado y consolado» (1 Co. 14:3). Oro para que los perdidos se salven. Le doy gracias por el privilegio de pararme frente a su pueblo para enseñarle.

Entonces, confío en el Señor. Recuerdo que Él ha prometido que nunca nos dejará cuando salimos a enseñar y a hacer discípulos (Mt. 28:18-20). Luego, me acerco al púlpito y confío en que Dios va a bendecir la predicación de su Palabra (Is. 55:10-11). Incontables veces he sentido que mi debilidad se convertía en fortaleza porque Dios escuchó mi oración y respondió de acuerdo a su voluntad.

Ahora bien, contar con el poder del Espíritu Santo no quiere decir que los que se acercan al púlpito pueden relajarse en su preparación. Y esto me lleva a mi siguiente punto.

6. Trabaje duro en la predicación y la enseñanza.

«Es nuestro deber y nuestro privilegio gastar nuestra vida para Jesús. No somos especímenes vivientes en preservación, sino sacrificios vivos, cuyo destino es ser consumidos».[16]

C. H. Spurgeon

Se cuenta la historia de un pastor que nunca se preparaba durante la semana, de modo que el domingo por la mañana, mientras la iglesia cantaba, él se sentaba en el estrado, orando con desesperación: «Señor, dame tu mensaje. Señor, dame tu mensaje». Cierto domingo, cuando clamaba a Dios por su mensaje, escuchó al Señor que le decía: «Rafael, aquí está mi mensaje: ¡Eres un perezoso!». ¡Ay!

A la hora de estudiar, preparar sermones y enseñar, resista la tentación de la pereza. La Biblia manda: «Los ancianos que gobiernan bien, sean tenidos por dignos de doble honor, mayormente los que *trabajan* en predicar y enseñar» (1 Ti. 5:17). Téngalo muy en cuenta. Nosotros, los que enseñamos la Palabra de Dios, debemos ser muy diligentes. Y por una buena razón. Dios es digno de nuestro mejor esfuerzo. Somos siervos que trabajan para el más amoroso y compasivo Maestro imaginable: nuestro Padre Celestial que nos ha librado del reino de las tinieblas. En respuesta, ¿cómo podríamos ser negligentes en la tarea a la que nos ha llamado? Bueno, ¡no lo haremos! Con mucho gusto trabajaremos duro para Él.

Charles Spurgeon trabajaba a menudo dieciocho horas al día. David Livingstone, el famoso misionero en África, le preguntó una vez:

—¿Cómo te las arreglas para hacer el trabajo de dos en un solo día?

A lo que Spurgeon respondió:

—Te olvidas de que somos dos en la tarea.[17]

---

[16] C. H. Spurgeon, *Lectures to My Students* [*Discursos a mis estudiantes*] (Grand Rapids, Mich.: Zondervan Publishing House, 1954), pp. 156-157. Publicado en español por Casa Bautista de Publicaciones.

[17] Eric W. Hayden, «Did you know?», *Christian History Magazine*, núm. 29, 1991, pp. 2-3.

Dos en la tarea: el predicador y el Señor. Pablo en 1 Corintios 3:9 declara: «Somos colaboradores de Dios». Usted no se encuentra solo en su ministerio. Pablo dijo: «Trabajo, luchando según la potencia de él, la cual actúa poderosamente en mí» (Col. 1:29).

Si asume con pereza su llamado como maestro y piensa: «Bueno, voy a confiar en que el Espíritu Santo me va a ayudar», en realidad se está apartando de lo que la Biblia señala que va a caracterizar la vida del maestro honorable: trabajo duro. La predicación más fructífera es el resultado del Espíritu Santo obrando a través de hombres que «trabajan duro» (cp. 1 Co. 15:10; Col. 1:29).

Algunos, cuando deben preparar un sermón, han usado Mateo 10:19-20 al tratar de justificar su actitud de «Voy a confiar en el Señor para que hable por medio de mí». En ese pasaje, Jesús dijo:

> No os preocupéis por cómo o qué hablaréis; porque en aquella hora os será dado lo que habéis de hablar. Porque no sois vosotros los que habláis, sino el Espíritu de vuestro Padre que habla en vosotros (Mt. 10:19b-20).

¿Estaba Jesús aquí acreditándonos para que descuidemos el estudio y que simplemente confiemos en Él cuando llegue el momento de enseñar? No. Veamos el pasaje en su contexto. Vamos a empezar de nuevo en el versículo 16. Jesús instruyó a sus discípulos:

> He aquí, yo os envío como a ovejas en medio de lobos; sed, pues, prudentes como serpientes, y sencillos como palomas. Y guardaos de los hombres, porque os entregarán a los concilios, y en sus sinagogas os azotarán; y aun ante gobernadores y reyes seréis llevados por causa de mí, para testimonio a ellos y a los gentiles. Mas cuando os entreguen, no os preocupéis por cómo o qué hablaréis; porque en aquella hora os será dado lo que habéis de hablar. Porque no sois vosotros los que habláis, sino el Espíritu de vuestro Padre que habla en vosotros (Mt. 10:16-20).

Note el contexto. Jesús previno: «Porque os entregarán». ¿Quién iba a entregar a los discípulos? Los lobos, los enemigos del evangelio. ¿Para qué serían entregados los discípulos? Para ser azotados (10:17) y llevados ante los concilios (tribunales) y ante los gobernadores y reyes. Jesús hablaba de cuando tuvieran que presentarse ante los tribunales de justicia, *no delante de la iglesia*, no de grupos en las casas, etc.

Al ser entregados para que los azotaran y los llevaran ante los gobernadores, los discípulos no tendrían tiempo para preparar su defensa. Sería *entonces* cuando el Espíritu Santo les daría las palabras necesarias e incluso la audacia de compartir sus testimonios (10:18).

Las palabras de Jesús no llevaban la intención de aliviarle la carga a la persona que es demasiado perezosa o satisfecha en sí misma como para trabajar duro y prepararse con diligencia para enseñar. Si un hombre piensa que subir al púlpito solo es asunto de improvisar y confiar en el Espíritu Santo, va a descubrir muy pronto que, por lo general, no es así como trabaja el Señor. La Biblia es clara. Trabaje duro (1 Ti. 5:17) en la predicación y la enseñanza, y confíe en el poder del Espíritu Santo, mientras lo hace.

LA PREPARACIÓN DEL SERMÓN

7. Use la Palabra de Dios con reverencia y cuidado.

«El que reciba mi Palabra, que la proclame con fidelidad».

Jeremías 23:28 NVI

Cuando usted se sienta para abrir la Biblia y preparar un sermón, dese cuenta de lo que está abriendo. El libro que abre ante usted es la revelación sagrada de Dios que el Creador del universo ha dado a la humanidad. Es la Palabra de *Dios*, no la nuestra. Debemos temer la idea de pararnos frente al pueblo de Dios y difamarla, malinterpretarla, usarla mal, o de alguna forma aplicarla incorrectamente, incluso sin intención.

Tenga sumo cuidado de entregar intacta la Palabra de Dios al pueblo del Señor, sin manipular el texto o distorsionar su sentido de ninguna manera.

> Procura con diligencia presentarte a Dios *aprobado*, como obrero que no tiene de qué avergonzarse, que usa *bien* la palabra de verdad (2 Ti. 2:15).

A fin de contar con la aprobación de Dios para su enseñanza, usted debe usar bien la Palabra de verdad. Es decir, debe interpretarla correctamente. Para ello, debe manejar la Palabra de Dios con reverencia y tener sumo cuidado al interpretarla.[18]

8. Estudie con diligencia la Palabra de Dios.

«Poderoso en las Escrituras».

Hechos 18:24

Si usted quiere enseñar la Palabra de Dios a los demás, debe estar dispuesto a convertirse en un *estudiante* serio de las Escrituras. No se contente con solo leer la Biblia. Es posible que eso sea suficiente para el creyente promedio, pero si usted va a enseñar la Palabra de Dios con exactitud, debe estudiar la Biblia. Me encanta lo que Lucas escribe acerca de Apolos en el libro de los Hechos:

> Entonces llegó a Éfeso un judío llamado Apolos, natural de Alejandría, varón elocuente, *poderoso en las Escrituras* (Hch. 18:24).

Lucas comenta que Apolos era «poderoso en las Escrituras». Había alcanzado una gran comprensión de las Escrituras. Eso es algo que todo maestro de la Biblia debe desear tener.

¿Desea tenerla? ¿Cómo se consigue desarrollar ese gran dominio de las Escrituras? Bueno, podemos seguir el ejemplo de Esdras:

> Porque Esdras había *preparado su corazón* para inquirir la ley de Jehová y para cumplirla, y para enseñar en Israel sus estatutos y decretos (Esd. 7:10).

Esdras tomó una decisión: «*Voy a estudiar la Palabra de Dios*». Eso es lo que tenemos que hacer.

---

[18] Este libro tiene que ver casi exclusivamente con la predicación de la Palabra (*homilética*). Para «usar bien la palabra de verdad» (*hermenéutica*), busque y entre al enlace «Hermeneutics» en AlwaysBeReady.com. Allí expongo las reglas y directrices que ayudan al maestro a interpretar correctamente las Escrituras (recurso disponible solo en inglés).

John MacArthur, reconocido pastor y maestro, relata el momento cuando un joven le preguntó:

> «¿Cuál es la verdadera clave para la buena predicación?». Él era un poco soñador y estoy seguro de que esperaba alguna respuesta espiritual esotérica. «Bueno, es la capacidad de mantener su trasero en la silla hasta que usted entienda el texto». ¡Vaya, eso lo sorprendió! Sí, esa es la verdadera clave. Lo que separa a la gran predicación de la mala predicación es si usted sabe o no de qué está hablando.[19]

Estudiar hasta que realmente entienda el texto es de vital importancia para la buena predicación. No siempre resulta fácil. A veces exige un trabajo largo que requiere mucho tiempo.

Una vez escuché la historia de una famosa violinista. Alguien le preguntó cómo había llegado a ser tan buena tocando el violín. ¿Su respuesta? «Descuido programado». ¿Descuido programado? Esa fue una respuesta extraña. La persona le preguntó al respecto. Luego ella explicó:

> Aparecían muchas cosas que solían exigirme tiempo. Cuando iba a mi habitación después de desayunar, tendía mi cama, ordenaba la habitación, limpiaba el polvo, y hacía todo lo que me parecía necesario. Cuando terminaba esa tarea, retomaba mi práctica de violín. Ese sistema me impedía lograr lo que pretendía con el violín. Entonces invertí el orden. Planeé deliberadamente despreocuparme de todo lo demás hasta completar mi periodo de prácticas. Y ese programa de descuido programado se convirtió en el secreto de mi éxito.[20]

Eso me inspira. ¡Descuido programado!

- Saber la importancia y el valor de la verdadera predicación bíblica y expositiva

---

[19] Tomado de la transcripción de un sermón titulado «La inspiración de las Escrituras» de John MacArthur.

[20] Esta historia apareció originalmente en *Our Daily Bread* [*Nuestro Pan Diario*]. http://bible.org/illustration/planned-neglect.

- Saber que Él solamente hablaba de la Palabra de Dios cuando prometió que ella no volvería vacía (Is. 55:11)
- Saber «las Sagradas Escrituras, las cuales te pueden hacer sabio para la salvación por la fe que es en Cristo Jesús» (2 Ti. 3:15)
- Saber que solamente la Palabra de Dios «es viva y eficaz, y más cortante que toda espada de dos filos; y penetra hasta partir el alma y el espíritu» (He. 4:12)
- Saber que la Palabra del Señor hace que el «hombre de Dios sea perfecto, enteramente preparado para toda buena obra» (2 Ti. 3:17)

¿Puedo exhortarle a planear bien la enseñanza de la Palabra de Dios que impartirá a otros? *Planee desatender algunas cosas.* Eso podría significar que apague el televisor, suspenda el servicio de televisión por cable, no renueve la suscripción de su revista favorita de deportes, se pierda un partido de golf, se deshaga de su PlayStation, revise con menos frecuencia su Twitter o Facebook, etc.

Examine su rutina semanal. ¿Qué actividades le hacen perder tiempo valioso? ¿Podría dedicar parte o la totalidad de ese tiempo al estudio de la Palabra? Apuesto a que podría si, como Esdras, se propusiera en su corazón estudiar la Palabra.

Más adelante le diré algo más sobre *cómo* estudiar. Ahora voy a concluir este capítulo con un recordatorio de G. Campbell Morgan:

> La tarea suprema del ministro cristiano es la obra de la predicación. En estos tiempos, uno de los grandes peligros que nos acechan es hacer un millar de pequeñas cosas en detrimento de lo más importante, la predicación.[21]

Existen docenas de pequeñas cosas en las que uno podría estar distraído. Usted debe desatenderlas, pero no la predicación. Si ese fue un recordatorio importante para los predicadores en el tiempo de Morgan (1863-1945), hoy, con la gran cantidad de distracciones modernas que reclaman nuestra atención, lo es aún más.

---

[21] G. Campbell Morgan, *Preaching* [*El ministerio de la predicación*] (New York: Fleming H. Revell Company, 1937), p. 12. Publicado en español por Clie.

9. Empiece a estudiar para el siguiente mensaje tan pronto como pueda.

«Los mensajes maduran con el tiempo... Pensamientos y reflexiones relevantes pueden venir a la mente mientras conduce su auto, espera formado en una línea, o incluso en medio de una conversación importante».[22]

STEPHEN OLFORD

Siempre empiezo a estudiar para una enseñanza al día siguiente de haber enseñado el estudio anterior. Así que, si enseño el domingo, el lunes leo completo el pasaje de las Escrituras que voy a considerar el próximo domingo. Esto me da tiempo para empezar a...

- Reflexionar sobre lo que voy a enseñar
- Orar pidiendo sabiduría sobre cómo enseñarlo
- Pensar en las ilustraciones
- Aplicarlo a mi propia vida, etc.

Lo animo a hacer lo mismo. Notará que empezar cuanto antes lo beneficia de varias maneras y lo ayudará a preparar un mejor mensaje para aquellos a los que enseña.

10. Sature su enseñanza con la Palabra de Dios.

«Así será mi palabra que sale de mi boca; no volverá a mí vacía, sino que hará lo que yo quiero, y será prosperada en aquello para que la envié».

ISAÍAS 55:11

[22] Stephen y David Olford, *Anointed Expository Preaching* [*Guía de predicación expositiva*] (Nashville, Tennessee: Broadman & Holdman Publishers Group, 1998), p. 106. Publicado en español por Broadman & Holman.

A mí me parece que hoy cada vez más hombres se paran en el púlpito olvidándose de prestar atención a las palabras de Pablo a Timoteo: «que prediques la palabra» (2 Ti. 4:2). Muchos leen un versículo o un párrafo o dos, pero luego se lanzan a todo tipo de otras cosas: historias, chistes, citas de libros, videos y otras cosas, pero no la Palabra. Y, por desgracia, lo que resulta de todo eso son creyentes desnutridos, mal alimentados, que:

- No conocen las Escrituras
- Caminan de manera superficial con el Señor
- Son presa fácil de las sectas, de los falsos maestros, y de otras enseñanzas falsas que circulan por la iglesia

¡Tal desatino es una tragedia para nuestra generación!

Creo que, en parte, la culpa del éxito del «movimiento de la iglesia emergente» y de su teología liberal, incluso herética, es por causa de aquellas iglesias que están alterando su estilo de adoración y prédica con el fin de atraer nuevos creyentes. Por varias décadas han descuidado la enseñanza de la Palabra de Dios en cualquier tipo de estilo de exposición profunda. Como resultado, han criado una generación de jóvenes en la iglesia que no conocen la Palabra de Dios. De modo que cuando alguien da a los miembros de sus congregaciones libros como…

- *Velvet Elvis*, por Rob Bell (Zondervan, disponible solo en inglés)
- *La cabaña*, por William Young (Windblown Media)
- *Everything Must Change*, por Brian McLaren (Thomas Nelson, disponible solo en inglés)

… ni siquiera son capaces de detectar lo que no es bíblico en ellos. Cuando escuchan a Oprah, sucede lo mismo, y cuando leen a Joel Osteen, pasa igual. Todo suena muy bien para ellos. ¡Eso es desgarrador!

¿Qué hubiera evitado esto? Pablo instó a Timoteo, y a nosotros por implicación: «Te encarezco delante de Dios y del Señor Jesucristo, que juzgará a los vivos y a los muertos en su manifestación y en su reino, *que prediques la palabra*» (2 Ti. 4:1-2). El apóstol no dijo: «Asegúrate de incluir una cita de la Palabra». Tampoco enseñó: «Predica *desde* la Palabra (como si fuera una especie de trampolín para todas las otras cosas que uno quisiera decir). Pablo exhortó: «Que prediques *la* palabra». Las Escrituras deben saturar sus mensajes. Ellos deben destilar las Escrituras.

Hace algún tiempo atrás me senté en un estudio bíblico —si se le puede llamar así— en una iglesia en la que estaba de visita. El pastor comenzó su tiempo de enseñanza mostrando un segmento de diez minutos de una película. Luego procedió a hablar sobre cómo la imagen proyectada ilustraba el hecho de que los cristianos necesitan tiempo de descanso. No abrió la Biblia para nada. Yo pensé: «¡Contaba con treinta minutos para enseñar y dedicó la mayor parte de ese tiempo a proyectar un segmento de una película y a hablar sobre ella!». Yo quería levantarme y decir: «¡[Saca] el libro!» (Neh. 8:1) y «¡[Predica] la Palabra!» (2 Ti. 4:2). No lo hice. Pero en las iglesias de todo el mundo el pueblo de Dios sufre semana tras semana bajo este tipo de enseñanza que no es bíblica.

¡Oh, pero cómo prosperan dondequiera que su Palabra se expone con claridad y consistencia! ¡Y por una buena razón! Vea con qué compara Dios las Escrituras. La Biblia nos dice que las Escrituras son como…

- **Agua** que nos limpia (Ef. 5:26)
- **Semilla** que da fruto (Mr. 4:14)
- **Leche** que nos nutre (1 P. 2:2)
- **Carne** (alimento sólido) que sustenta (He. 5:14)
- **Fuego** que nos purifica (Jer. 23:29)
- **Martillo** que nos quebranta (Jer. 23:29)
- **Espada** que nos penetra hasta lo más profundo (He. 4:12)
- **Medicina** que nos protege de la enfermedad del pecado (Sal. 119:11)
- **Lámpara** a nuestros pies que nos ilumina el camino (Sal. 119:105)
- **Espejo** que nos refleja fielmente (Stg. 1:23-25)
- **Tutor** (guía) que nos lleva a Cristo (Gá. 3:24)
- **Consejero** que nos conforta (Ro. 15:4)
- **Consuelo** que nos da vida (Sal. 119:50)
- Un **pronosticador** que nunca nos falla (2 P. 1:19)

- **Sabiduría** que nos hace más **sabios** que nuestros enemigos (Sal. 119:98)[23]

¡Cuán vital, cuán importante es entonces la Palabra de Dios en la vida del creyente!

Lo mejor que le podría pasar hoy a la iglesia sería que los hombres que ocupan los púlpitos regresaran de todo corazón a la predicación expositiva. Cuando digo «predicación expositiva» me refiero a la predicación que se compromete a…

- Abrir la Palabra de Dios
- Averiguar lo que la Biblia dice
- Explicar lo que significa
- Ilustrar el pasaje cuando sea necesario
- Y dar exhortaciones claras y apasionadas sobre cómo se aplica en la vida de los creyentes y de los incrédulos

Si más pastores y maestros de la Biblia en los ministerios juveniles, ministerios de la mujer, etc., regresaran a este método de predicación, creo que habría un avivamiento masivo entre el pueblo de Dios.

Ahora bien, es obvio que no podemos hacer mucho para cambiar lo que otros practican en sus iglesias, pero sí podemos decidir en nuestra propia vida e iglesias obedecer (o seguir obedeciendo) lo que el Espíritu Santo exhortó a Timoteo por medio de Pablo: ¡Predica la palabra! Y, quizá, al bendecir Dios nuestros esfuerzos, otros pastores verán al pueblo del Señor prosperar, a nuestras iglesias crecer, y se preguntarán: «¿Pero qué pasa ahí?».

Si ellos nos lo preguntan, vamos a responderles sin ningún reparo: «Es el Señor. Nosotros solo amamos a las personas y les damos continuamente el agua que limpia (Ef. 5:26), la semilla que da fruto (Mr. 4:14), la leche que nutre (1 P. 2:2), la carne que sustenta (He. 5:14), el fuego que purifica (Jer. 23:29) y la medicina que protege de la enfermedad del pecado (Sal. 119:11)». Y es posible que eso los inspire para hacer lo mismo.

---

[23] La mayor parte de esta enseñanza se tomó de Norman Geisler, *Systematic Theology*, Vol. 1 (Minneapolis, Minn.: Bethany House, 2002), pp. 250-251.

11. Tome en cuenta la opción de enseñar versículo por versículo a través de libros completos de la Biblia en lugar de hacerlo por temas.

«Porque no he rehuido anunciaros todo el consejo de Dios».

HECHOS 20:27

Al ver cuán vital es la Palabra para el pueblo de Dios (vea el capítulo anterior), existen algunas razones por las que animo a los predicadores a que consideren enseñar versículo por versículo a través de libros completos de la Biblia, en lugar de enseñar por temas.[24] Esto no quiere decir que la enseñanza temática sea mala. Creo que en ciertos momentos los mensajes sobre temas son perfectamente apropiados e incluso preferibles. Los mensajes temáticos...

- Proporcionan variedad
- Ofrecen a los oyentes un mejor entendimiento de un tema en particular
- Permiten que nos ocupemos de temas bíblicos, doctrinas y enseñanzas éticas principales de una manera más profunda

Dicho eso, aún así creo que la enseñanza versículo por versículo debería conformar la mayor parte de nuestro programa de enseñanza. Veamos por qué:

A. La enseñanza versículo por versículo le ahorrará tiempo.

Tratar de decidirse por un texto y tema para enseñar una o dos veces a la semana no es tarea fácil. La mayoría de los maestros lo encuentran muy difícil. Anoto a continuación algunas preguntas que giran en la mente de los maestros que enseñan por temas:

---

[24] Enseñar versículo por versículo no significa que el maestro tenga que parar y explicar cada versículo. Cuando digo versículo por versículo me refiero a progresar sistemáticamente a través del texto de un libro en particular y en ese camino ayudar a la gente a saber lo que el pasaje dice.

- ¿Sobre qué no he enseñado últimamente?
- ¿Qué necesita escuchar la congregación?
- ¿No enseñé algo por el estilo hace algunos meses?
- ¿Qué sucesos han aparecido en las noticias de esta semana que podría abordar?
- ¿Quién vendrá este domingo? («Oh, el hombre que tiene problemas con _______va a visitarnos con un amigo. Será mejor que no predique sobre eso pues puede parecer que he elegido ese tema solo por él»).

Para el predicador que enseña versículo por versículo, en realidad solo surge una pregunta: ¿Dónde me quedé la semana pasada? Una vez esa pregunta se responde, está listo para ir directamente al estudio y a la preparación. Al ver cuán ocupados se hallan hoy día la mayoría de los pastores y maestros, creo que se puede ver lo beneficioso que puede resultar el método sugerido.

B. La enseñanza versículo por versículo resultará más beneficiosa espiritualmente para usted.

Existen más probabilidades de que la persona que enseña por temas evite pasajes y tópicos con los que quizá enfrente dificultades. Si lucha con un mal genio, es probable que evite enseñar sobre el tema de la *ira* o versículos como este:

> Todo hombre sea pronto para oír, tardo para hablar, tardo para airarse; porque la ira del hombre no obra la justicia de Dios (Stg. 1:19b-20).

Y, sin embargo, ese podría ser el tema y el pasaje bíblico, que resultaría más beneficioso para él, sobre el cual debería enseñar. La ira es ciertamente un área en la que Dios quiere trabajar en la vida de ese hombre.

Al enseñar por temas, el maestro tiene la última palabra en cuanto a lo que va a estudiar y enseñar. La persona que enseña versículo por versículo no tiene elección. Si su última enseñanza terminó en Santiago 1:18, esta semana va a leer, estudiar y orar para conocer la voluntad de Dios con respecto a la ira.

C. La enseñanza versículo por versículo resultará más beneficiosa para sus oyentes.

Una de las grandes desventajas para las personas que oyen la predicación temática cada semana es que nunca pueden escuchar lo que la Palabra de Dios tiene que decir sobre...

- Temas polémicos (p. ej., la homosexualidad, el infierno, el arrepentimiento, el pecado, la pureza sexual, la ofrenda)
- Pasajes difíciles de interpretar (p. ej., el libro de Apocalipsis)
- Verdades teológicas profundas que benefician en gran manera a los creyentes (p. ej., Romanos 5 y su enfoque en la justificación por la fe)

Los pastores que evitan estos temas y pasajes de las Escrituras no sirven fielmente al pueblo de Dios.

¿Por qué algunos maestros evitan estos temas y pasajes bíblicos? Abundan, por supuesto, una variedad de razones. Pero creo que podemos afirmar que en algunos casos se debe al temor a ofender a algunas personas y tal vez a perder a alguien de la congregación.

Lo animo a no permitir que el temor al hombre se convierta en una trampa (Pr. 29:25) o le dicte qué enseñar. Me encanta lo que Pablo confesó a los ancianos de Éfeso: «Porque no he rehuido anunciaros *todo* el consejo de Dios» (Hch. 20:27). Siga los pasos de Pablo.

Los predicadores que se preocupan demasiado por ofender a las personas y perder miembros de la iglesia, irónicamente terminan perdiendo a algunos de todos modos. ¿Quién? Creyentes maduros. ¿Por qué? Porque cuando los creyentes comienzan a madurar en su fe, muchos de ellos pensarán acertadamente: «Todo lo que recibo cada semana en esa iglesia es leche». Y se van. Muchos de ellos se trasladan a iglesias que se han comprometido a enseñar la Biblia de una forma expositiva profunda.

D. La enseñanza versículo por versículo lo ayudará a desarmar a sus críticos.

Cuando usted presenta una exposición de una porción de las Escrituras que aborda un tema controvertido (el infierno, la homosexualidad, las ofrendas, etc.), sus oyentes no se sentirán tentados a creer que usted tiene una «agenda oculta», es decir, que usted solo trata de hablar de uno de sus temas favoritos. Ellos se darán cuenta de que: «Solo estamos en el pasaje que nos toca seguir en el estudio versículo por versículo de la Biblia».

Así que, por las razones expuestas, lo animo a que considere seriamente enseñar versículo por versículo

12. Evite dar por sentado que sus oyentes conocen de la Biblia más de lo que aparentan.

«Les di leche porque no podían asimilar alimento sólido, ni pueden todavía».

1 CORINTIOS 3:2, NVI

A los pastores y maestros que siempre están leyendo y estudiando se les puede olvidar con facilidad cuánto se ha extendido el analfabetismo bíblico. Lo que las encuestas muestran sobre el analfabetismo bíblico, incluso entre los evangélicos, al menos en Estados Unidos, es sorprendente. Un artículo publicado en una edición de 2010 de la revista *Christianity Today* revelaba que:

> La mayoría de los estadounidenses —entre ellos evangélicos que aman las Escrituras— no sabe los nombres de los discípulos, los Diez Mandamientos, o el primer libro de la Biblia... La revista *Time* observó en un artículo de portada de 2007 que solo la mitad de los adultos estadounidenses era capaz de nombrar uno de los cuatro Evangelios.[25]

Por supuesto, lo más probable es que a las personas a quienes enseñamos les iría mejor si la revista *Time* las llamara en alguna ocasión y les pidiera participar en una encuesta. Por lo menos ¡nos gustaría que fuera

[25] Collin Hansen, "Why Johnny Can't Read the Bible", *Christianity Today*, 24 de mayo de 2010, http://www.christianitytoday.com/ct/2010/may/25.38.html.

así! Pero aun así, es probable que no nos equivocaríamos al afirmar que muy pocas de las personas a quienes enseñamos…

- Han estudiado en un seminario o escuela bíblica
- Estudian la Biblia de una manera profunda
- Poseen un diccionario, concordancia o comentario bíblicos

Creo que es bueno que recuerde esto mientras prepara sus sermones. Si usted da por sentado que sus oyentes conocen la Biblia mejor de lo que ellos en realidad la conocen, puede desarrollar la costumbre de no explicar asuntos que le parecen elementales («¡Ellos ya saben esto!»).

Ahora bien, esto no quiere decir que usted deba dirigirse a su congregación como si fuera una tribu recién descubierta en una isla remota y nunca antes han visto una Biblia: «Esto es una Biiiiblia. B-I-B-L-I-A». No, solo lo animo a que…

- Ore sobre aquello que va a pasar por alto
- Reflexione antes de decidirse a no abordar algo que le parece básico
- Tenga cuidado con esos asuntos que ha pensado dejar fuera

Esas verdades pueden ser las mismas que algunos oyentes necesitan que se les explique o que se les recuerde. Y repasar lo que parece elemental para usted beneficiará a los creyentes maduros a modo de recordatorio (2 P. 1:12-15).

Por el bien de los creyentes maduros, que ya gozan de una buena comprensión de las verdades elementales de la fe cristiana, trate de exponer la verdad con frases nuevas. Evite usar ilustraciones antiguas y trilladas. Cite un versículo o dos que no suele citar (p. ej., en vez de Romanos 3:23, intente con Isaías 53:6). Evite el uso de clichés viejos y desgastados como…

- «La gracia es la riqueza de Dios a expensas de Cristo».
- «Él pagó una deuda que no debía porque nosotros debíamos una deuda que no podíamos pagar».

Estas frases están tan gastadas que ya no impresionan para nada a las personas que las han escuchado cientos de veces.

13. Plantéese las seis grandes preguntas a medida que estudia y se prepara.

«Escudriñando cada día las Escrituras para ver si estas cosas eran así».

Hechos 17:11

En los días de Nehemías, los levitas «leían en el libro de la ley de Dios claramente, y ponían el sentido, de modo que *entendiesen* la lectura» (Neh. 8:8). Ese es uno de los objetivos supremos de aquellos que enseñan la Palabra de Dios a los demás: ayudarles a «[*entender*] la lectura». ¿Cómo puede uno mejorar en su habilidad de ayudar a otros a entender la Biblia?

Cuando lea la Biblia y comience a estudiarla y a tratar de conocer lo que significa un pasaje, lo animo a verse a sí mismo como periodista o investigador privado. Seis grandes preguntas le conviene plantearse.

A. ¿Quién?

¿Quién escribió la carta? ¿A quién iba dirigida? ¿Quiénes estuvieron involucrados en los sucesos documentados?

B. ¿Qué?

¿Qué sucedió? ¿Qué ideas se ven expresadas? ¿Qué resultados se obtuvieron?

C. ¿Dónde?

¿Dónde ocurrieron los sucesos registrados? ¿Cuál es el marco geográfico? La Biblia puede cobrar vida en la mente de aquellos a quienes usted enseña si incluye algo de información sobre el trasfondo de la ciudad o del entorno geográfico en el que un hecho sucedió.

D. ¿Cuándo?

¿Cuándo ocurrió el suceso? ¿Cuál es el contexto histórico? ¿Aconteció en Babilonia durante el exilio? ¿Pasó durante el segundo viaje misionero de Pablo?

E. ¿Por qué?

¿Por qué sucedió? ¿Por qué Elías se retiró al desierto después de una victoria tan espectacular como la del monte Carmelo? ¿Por qué Dios permitió que los babilonios saquearan la ciudad de Jerusalén? ¿Se explica el propósito o la razón de por qué ocurrió?

F. ¿Cómo?

¿Cómo se cumplieron las cosas? ¿Qué tan bien? ¿Cuán rápido? ¿Mediante qué método?

Ese tipo de preguntas son las que ocupan la mente de nuestros oyentes. La búsqueda de respuestas a esas preguntas y su integración en la enseñanza ayudará a que sus oyentes obtengan una mejor comprensión de la Biblia.

14. Considere la opción de seguir estos pasos que sugiero, mientras prepara un sermón.

No existe una sola forma de emprender la tarea de preparar un sermón. Aquí le sugiero una guía y la manera en que yo suelo abordar la tarea.

A. Elija el texto.

La elección de un texto es fácil si usted está enseñando capítulo por capítulo, versículo por versículo. Si su oportunidad de enseñar es una ocasión especial (quizá lo hayan invitado para reemplazar a otro maestro en cualquier parte) y goza de libertad para elegir un tema o texto,

- Ore pidiendo sabiduría para lo que va a enseñar (Stg. 1:5)
- Piense en las personas a las que va a hablar
- Tome en cuenta la ocasión
- Considere el tiempo del que va a disponer (¿10 minutos? ¿45 minutos?)
- Preste atención a la necesidad o preocupación dominante de los oyentes

- Elija algún texto bíblico que últimamente haya sido de bendición para usted (hablar a otros de algo que a usted lo entusiasma es beneficioso por razones obvias)

B. Medite en oración sobre el texto.

- Ore pidiendo a Dios que lo ayude a pensar con claridad acerca de lo que dice el texto; pida que le abra los ojos de su corazón para ver las maravillas de la Palabra de Dios (Ef. 1:18; 2 Ti. 2:7)
- Lea varias veces todo el pasaje (ocho o diez veces es un buen promedio)
- Dele vueltas una y otra vez en su mente; asimile el pasaje
- Escriba sus ideas y pensamientos iniciales en una hoja de papel

C. Estudie el pasaje.

Busque referencias cruzadas. Compare textos de las Escrituras con otros textos de las Escrituras. Examine el contexto. Investigue tanto como sea necesario en comentarios, diccionarios bíblicos, notas en Biblias de estudio, etc., para responder al *quién, qué, dónde, cuándo, por qué* y *cómo.* Obtenga una idea clara y sólida de lo que el texto *dice* y *significa.*

D. Empiece a escribir su sermón.

Me gusta copiar en un documento en blanco todo el pasaje de las Escrituras que voy a estudiar (lo tomo de algún programa electrónico de la Biblia). Suelo poner las palabras de la Biblia en color *azul* para diferenciarlas de mis comentarios. Entonces, en color *negro,* empiezo a añadir entre los versículos mis comentarios, notas y todo lo que quiero decir. Usar colores diferentes para distinguir el texto bíblico de mis comentarios me ayuda a lograr un mejor seguimiento de dónde estoy, mientras me preparo y mientras enseño.

En cuanto a los tipos de letra, personalmente, prefiero usar aquellos con remates, tales como Minion o Times New Roman. Solía usar Arial hasta que me enteré de que los tipos de letras con remates son más fáciles de leer. Cuando lo cambié, noté la diferencia. Así que, puede tener eso en mente. Además, lo animo a utilizar un tipo de letra de trece puntos de tamaño o mayor para que pueda leer con facilidad sus notas cuando esté parado en el púlpito.

E. Prepare su conclusión e introducción.

Más adelante añadiré algo más acerca de las conclusiones y las introducciones. Aquí le daré un consejo rápido. Prepare su conclusión e introducción *después* de haber terminado el cuerpo del sermón.

F. Imprima una copia preliminar de sus notas y repáselas con un lápiz.

Encuentre un poco de tranquilidad para que en espíritu de oración pueda revisar sus notas. Es increíble la cantidad de detalles que descubrirá que le conviene cambiar cuando vea sus notas en papel. Así, pues, tache, escriba nuevas notas en el margen. Permanezca atento a todo aquello que no haya redactado con claridad. Tache los datos innecesarios.

G. Vuelva a su computadora e introduzca en sus notas los últimos cambios.

H. Imprima sus notas definitivas y resalte las palabras clave.

Una vez que tengo mis notas finales en la mano, me gusta usar un marcador de textos amarillo para resaltar las palabras o frases clave en cada párrafo e, incluso, dibujar pequeños iconos o símbolos en los márgenes de mis notas. Estas marcas me permiten, con un vistazo, mirar y recuperar un punto en particular con la mayor facilidad posible. No me gusta la idea de atarme a mis notas. Cuanto más libre sea de sus notas, mejor.

I. Ore y dedique al Señor la enseñanza.

15. Asegúrese de que los versículos que estudia (o cita) en verdad apoyan la enseñanza que quiere impartir interpretándolos correctamente en su propio contexto.

«Erráis, ignorando las Escrituras».

Mateo 22:29

Cuando prepara un sermón y busca versículos que apoyen o añadan peso a un punto que usted quiere enseñar, puede ser fácil utilizar de forma inadvertida un versículo que en realidad no apoya su punto. Cabe la posibilidad de que esto suceda porque, por lo general, usted no dedica tanto tiempo a estudiar el contexto de esos pasajes periféricos.

Veamos un ejemplo. Usted está enseñando a través de Mateo 24. Llega al versículo donde Jesús declaró: «El cielo y la tierra pasarán, pero mis palabras no pasarán» (Mt. 24:35).

Usted se da cuenta de que Jesús habla aquí de la indestructibilidad de sus palabras y usted decide que le gustaría mostrar que en otras partes de las Escrituras se habla de esa verdad. Así, pues, usted busca la palabra «preservar» en una concordancia para ver si sería posible encontrar algún otro lugar en la Biblia donde Dios nos asegure que Él preservará su Palabra. Ahí, en sus resultados de búsqueda, ve el Salmo 12:7, que dice:

> Tú, Jehová, los guardarás; de esta generación los preservarás para siempre (Sal. 12:7).

«¡Oh, esto parece interesante!», comenta usted. Entonces, rápidamente busca el contexto en el versículo anterior para asegurarse de que el texto hallado habla de la Palabra y el versículo 6 dice:

> Las palabras de Jehová son palabras limpias, como plata refinada en horno de tierra, purificada siete veces (Sal. 12:6).

«¡Perfecto!», exclama usted. Por tanto, copia el versículo 7 en sus notas, y, sin pensarlo más, lo enseña así. Lamentablemente, sin darse cuenta, acaba de manipular la Biblia. Ha errado en usar bien la Palabra de Dios (2 Ti. 2:15).

Usted declaró algo que es *verdad*: Dios preservará su Palabra (Is. 40:8). Sin embargo, ha utilizado un versículo que, al interpretarlo correctamente en su contexto, no apoya su punto. No voy a dedicar tiempo ahora a exponer el Salmo 12, pero, si usted lo examina detenidamente por su cuenta, verá que el Salmo 12:7 en realidad habla de *personas*, no de las Escrituras.

Usted podría argumentar: «Bueno, al menos mi punto era cierto, aunque el versículo no lo apoye». Sí, pero existen algunos riesgos reales cuando se comete este tipo de error.

A. Una exposición descuidada puede dañar su credibilidad.

Algunos de sus oyentes, que *han estudiado* el Salmo 12 (o cualquier otro pasaje que usted cite) en su contexto se darán cuenta del error que ha cometido y, al instante, usted perderá algo de credibilidad frente a ellos. Se percatarán de su mal manejo de la Palabra de Dios —a pesar de que el error fue honesto y sin intención de dañar— y su credibilidad se verá afectada. Esto hará que sea más difícil para ellos confiar en usted en el futuro, incluso cuando lo haga bien.

B. Una exposición descuidada puede dañar la confianza del oyente en la verdad de las Escrituras.

La próxima vez que el oyente lea por su cuenta el Salmo 12, descubrirá el significado *correcto* del texto y perderá la confianza en la verdad original que usted le comunicó (Dios va a preservar su Palabra).

Esta pérdida de confianza y la confusión resultante es la nube radioactiva emanada del uso descuidado que un maestro hace de la Palabra de Dios. Si usted quiere evitar arrojar este tipo de «bombas hermenéuticas» —interpretaciones que explotan mucho después de que usted las haya lanzado—, lo animo a asegurarse de que los versículos que examina o cita apoyan en realidad el punto que expone cuando se interpretan correctamente en su propio contexto.

Este es otro recordatorio de por qué es tan importante conocer la Palabra. Si usted hubiera estudiado previamente el Salmo 12, no hubiera cometido el error.

16. Dirija a las personas a Jesús.

«Puestos los ojos en Jesús, el autor y consumador de la fe».

HEBREOS 12:2

Al finalizar un culto, un caballero se acercó al predicador para saludarlo, y después de reconocer que el sermón poseía ciertos elementos elogiables, agregó: «Pero tenía un defecto notable». El sorprendido ministro preguntó cuál era ese defecto y recibió la siguiente respuesta: «Soy judío. Y hace poco nací de nuevo. Hasta ese momento asistía a la sinagoga. Pero no había nada en su sermón que yo no podría haber escuchado en la sinagoga, nada que un rabino judío no hubiera sido capaz de predicar». «Esa fue —dijo el predicador unos años después— la mayor lección de homilética que jamás me habían enseñado».[26]

Me parece que, basado en la retroalimentación que he recibido del pueblo de Dios en diferentes partes de Norteamérica, hoy padecemos una sequía de predicación cristocéntrica: una predicación que glorifique al Señor Jesús y exalte sus atributos, que lo eleve por encima de todo y exhorte al creyente y no creyente por igual: «Acude a Jesucristo. Él es tu Dios. Él es tu ayuda, tu esperanza y tu salvación. Conviértanse a Él de todos los confines de la Tierra y sean salvos».

Me temo que María podría decir hoy en algunas iglesias lo mismo que dijo cuando estaba junto al sepulcro en la mañana de la resurrección: «Se han llevado a mi Señor, y no sé dónde le han puesto» (Jn. 20:13). Charles Spurgeon comentó:

> He oído a ministros que pueden predicar un sermón de principio a fin sin mencionar el nombre de Jesucristo. Si usted escucha alguna vez un sermón de esos, decida que nunca más escuchará otro de ese hombre.[27]

Spurgeon dijo esto porque, en última instancia, la Biblia es acerca de nuestro Señor y Salvador, Jesucristo. El Señor mismo afirmó esto a los discípulos en el camino a Emaús. Lucas escribe:

> Y comenzando desde Moisés, y siguiendo por todos los profetas, [Jesús] les declaraba [¿dónde?] en todas las Escrituras lo que [¿quién?] *de él* decían… Y les dijo: Estas son las palabras que os hablé, estando aún con vosotros: que era necesario que se cumpliese todo lo que está escrito de *mí* en la ley de Moisés, en los profetas y en los salmos (Lc. 24:27, 44).

---

[26] *Illustrations of Bible Truths*, compilado por Ruth Peters, QuickVerse.

[27] Charles Spurgeon, «Gran perdón para grandes pecados», sermón predicado el 31 de diciembre de 1876.

En numerosas ocasiones, el Nuevo Testamento afirma que Jesús es el tema *principal* del Antiguo Testamento.[28]

El doctor Norman Geisler nos da este resumen conciso de cómo las ocho secciones de la Biblia apuntan a Jesús:

- La ley .... Se establece el **fundamento** para Cristo
- Los libros históricos........ La **preparación** para Cristo
- Los libros poéticos .... Se expresa el **anhelo** por Cristo
- Los libros proféticos........ La **esperanza** de la venida de Cristo
- Los Evangelios .... La **manifestación** de Cristo
- El libro de Hechos .... La **propagación** de Cristo
- Las epístolas .... La **interpretación** y **aplicación** de Cristo
- El libro de Apocalipsis...... La **consumación** de todas las cosas en Cristo[29]

En verdad, las Escrituras son cristocéntricas (centradas en Cristo). Jesús exhortó: «Escudriñad las Escrituras; porque a vosotros os parece que en ellas tenéis la vida eterna; *y ellas son las que dan testimonio de mí;* y no queréis venir a mí para que tengáis vida» (Jn. 5:39-40).

A la luz de lo que Jesús expresa aquí y en el pasaje que cité anteriormente en Lucas 24, lo animo a que, cada vez que usted se prepare para enseñar, se pregunte: *«¿Cómo podría este pasaje señalar a Jesús?»*. La respuesta a esa pregunta es algo que en oración debería plantearse incluir en su enseñanza.

No obstante, dicho esto, no debe cometer el error de pensar que cada versículo en la Biblia habla directa o explícitamente de Jesús. Eso no es lo que quiso decir Jesús en Lucas 24:27 y Juan 5:39. Cada texto de las Escrituras es parte de *una historia,* cuyo objetivo final está en Él, pero no cada versículo.

---

[28] Otras referencias incluyen: Mateo 5:17; Juan 1:45; 5:39, 46; Hebreos 10:7; Hechos 2:30-31; 3:18; 10:43; 17:2-3; 1 Corintios 10:4; 15:3-4; 1 Pedro 1:10-11.

[29] Norman L. Geisler, *A Popular Survey of the Old Testament* (Grand Rapids, MI: Baker Books, 2007), pp. 21-24.

17. Tome en cuenta que por lo general en toda reunión promedio están presentes al menos cinco tipos de personas.

«Toda la Escritura es inspirada por Dios, y útil para enseñar, para redargüir, para corregir, para instruir en justicia»

2 Timoteo 3:16

En la reunión promedio del pueblo de Dios en la mañana del domingo, están presentes al menos cinco tipos diferentes de personas, espiritualmente hablando, que usted querrá tomar en cuenta cuando se prepare para enseñar.

A. Creyentes maduros espiritualmente (1 Co. 3:1; He. 5:14)
B. Creyentes lastimados o con dificultades
C. Creyentes inmaduros («niños en Cristo», 1 Co. 3:1)
D. Creyentes carnales («andáis como hombres», 1 Co. 3:3)
E. No creyentes

Cuando predica, siempre corre el peligro de ceñir sus comentarios y exhortaciones a solo uno o dos grupos. Eso no debería suceder. Procure tanto como sea posible dirigirse a cada uno de los cinco grupos. Veamos algunas de sus necesidades básicas:

A. Creyentes maduros espiritualmente (1 Co. 3:1; He. 5:14)

Ellos, además de ser capaces de manejarlo, también *necesitan* un conocimiento más sustancioso de la Palabra («alimento sólido», He. 5:12, 14), de lo que los nuevos creyentes requieren. Precisan algo más que los «primeros rudimentos» (He. 5:12), o verdades fundamentales del cristianismo. Ellos quieren aprender cosas que no han visto por sí mismos. Si semana tras semana se alimentan solo con «leche», crecerán débiles (1 Co. 3:2). Y eso mismo está sucediendo hoy en algunas iglesias. Los pastores dirigen sus mensajes a los nuevos creyentes o a los que no suelen acudir al templo. Y muchos de los creyentes maduros se están quedando desnutridos.

B. Creyentes lastimados o con dificultades (recientes o veteranos en la fe)

El mundo es a menudo muy duro con las personas. Los efectos del pecado han hecho mella en ellas. Sus corazones están quebrantados por relaciones que han terminado. Se preocupan por encontrar trabajo, por sus finanzas, por sus hijos descarriados, etc. Trate de animarlas. Ellas necesitan «exhortación y consolación» (1 Co. 14:3). Con razón se ha dicho: «Predique a los que sufren y siempre tendrá usted una congregación».

C. Creyentes inmaduros («niños en Cristo», 1 Co. 3:1)

Los creyentes inmaduros necesitan crecer en su comprensión de las doctrinas elementales y básicas de la fe cristiana. Por tanto, asegúrese de explicarles algunas de ellas cuando sea oportuno y conveniente. Algunos de los santos veteranos quizá se quejen en sus corazones («Ya sabemos eso»), pero, si se les enseña lo básico en una forma interesante (p. ej., con ilustraciones nuevas o citas que no se hayan utilizado antes), no les va a importar oírlo de nuevo.

D. Creyentes carnales («andáis como hombres», 1 Co. 3:3)

El creyente carnal necesita que lo reten a abandonar aquellas áreas de pecado en las que transige y a vivir una vida dedicada de todo corazón al Señor.

E. No creyentes

Los no creyentes necesitan el evangelio (Ro. 1:15-16). Precisan que se les exhorte a que se arrepientan (Hch. 17:30) y a que confíen en Jesús (Ro. 10:9-10). A ellos les urge que se les advierta acerca de un juicio venidero (Hch. 24:25) y de las consecuencias eternas si rechazan la oferta de salvación de Dios (Ro. 2 5-6).

Si usted enseña a un grupo pequeño y tiene la certeza de que todos son salvos, entonces, no es necesario que cada semana dé una explicación detallada del evangelio. Sin embargo, si ahí está presente alguien nuevo y usted no está seguro de su condición espiritual, asegúrese de darle a conocer el evangelio. Quizá esa persona nunca vuelva a tener otra oportunidad de oírlo.

18. Asegúrese de consultar varias traducciones de las Escrituras, mientras prepara su sermón.

«Las diferentes traducciones pueden ayudarlo a ver un texto con ojos nuevos».[30]

H. B. Charles

En ciertas ocasiones, en mis primeros años de enseñanza, escribía algunos pensamientos e incluso desarrollaba un punto en mis notas del sermón, solo para darme cuenta *después* de que, al leer el mismo pasaje en otra traducción, tenía un pequeño malentendido sobre el texto.

Este es un error común que los maestros jóvenes, e incluso los con experiencia, pueden cometer. Es posible evitar el error mediante la lectura del pasaje desde el principio en unas cuantas traducciones diferentes. Cuando la versión Reina-Valera Revisada 1960 puede ser un poco confusa, el texto en la Nueva Versión Internacional o la Nueva Traducción Viviente puede ser más claro, y viceversa.

Le recomiendo que lea el pasaje que va a enseñar en al menos cinco traducciones diferentes:

- Reina-Valera revisión de 1960
- Reina Valera Contemporánea
- Nueva Versión Internacional
- Nueva Traducción Viviente
- La Biblia de las Américas
- Nueva Biblia Latinoamericana de Hoy
- La Biblia Textual

---

[30] H. B. Charles, Jr., "My Journey to the English Standard Version", http://www.hbcharlesjr.com/2012/08/07/my-journey-to-the-english-standardversion.

Dar este paso no solo le evitará una mala interpretación, sino que lo ayudará a desarrollar una interpretación acertada del pasaje. Aunque la Nueva Versión Internacional y la Nueva Traducción Viviente no son traducciones literales «palabra por palabra», también pueden serle útiles. Yo no uso la traducción al inglés *The Message*. Me da la impresión de que al usarla leo un sermón (con la interpretación y la aplicación añadidas al texto). Sin embargo, a diferencia de un sermón, el lector no sabe dónde termina el texto bíblico y dónde inicia el sermón.[31]

Una manera de comparar múltiples traducciones de la Biblia es trabajar en línea en BibleGateway.com. Primero introduzca los versículos bajo estudio en el buscador. Luego, para iniciar la comparación e ir añadiendo versiones en columnas paralelas, pulse el ícono de textos paralelos «Add parallel» (que se ubica al margen derecho frente a la barra horizontal seleccionadora de la versión, antes del inicio del texto bíblico). Añada cuantas versiones considere necesario. Logos también ofrece un excelente recurso de estudio bíblico en línea: Biblia.com, con cinco versiones en español.[32] Hablaré más adelante acerca del *software* bíblico.

19. Aclare las dificultades que aparezcan en el pasaje que enseña.

> *«En todas sus cartas [escritos de Pablo] se refiere a estos mismos temas. Hay en ellas algunos puntos difíciles de entender, que los ignorantes e inconstantes tergiversan, como lo hacen también con las demás Escrituras, para su propia perdición».*
>
> 2 PEDRO 3:16 NVI

Imaginemos que usted está empezando a estudiar la primera carta de Pedro. Por tanto, para su primera enseñanza, presenta una introducción a la epístola. Usted habla de quién la escribió, a quién se la dirigió

[31] Véase John R. Kohlenberger III, «The Message Bible: A Book Review of *The Message* by Eugene Peterson», http://www.equip.org/articles/themessage-bible.

[32] Disponible en Logos.com.

cuándo se escribió, etc. Eso es estupendo. Luego comienza a enseñar versículo por versículo a través del primer capítulo:

> Pedro, apóstol de Jesucristo, a los expatriados de la dispersión en el Ponto, Galacia, Capadocia, Asia y Bitinia, elegidos según la presciencia de Dios Padre en santificación del Espíritu, para obedecer y ser rociados con la sangre de Jesucristo: Gracia y paz os sean multiplicadas (1 P. 1:1-2).

Ahora bien, ahí se encuentran algunos detalles que Pedro escribió que resultan confusos para nosotros. Si pasa rápidamente sobre ellos y resume estos dos versículos con un breve comentario como este: «Bueno, aquí vemos que Dios nos ha elegido y desea santificarnos, con el fin de que seamos obedientes», y luego, sin más, salta al versículo tres, ese proceder va a dejar frustrados a sus oyentes. Muchos de ellos se van a preguntar...

- ¿Qué es «la dispersión»?
- ¿Qué significa ser «elegido»?
- ¿Qué quiere decir Pedro cuando afirma que nosotros fuimos elegidos «según la *presciencia* de Dios Padre»?
- ¿De qué habla Pedro cuando escribe «rociados con la sangre de Jesucristo»?

Leer un pasaje como este y limitarse a repetir lo obvio o volver a expresar rápidamente el versículo con diferentes palabras es perder la razón de la enseñanza. *Cualquiera puede hacer eso.* No existe nada más frustrante para muchos oyentes que un maestro que, de manera continuada, evita las preguntas difíciles que pasajes de las Escrituras inducen en la mente de ellos. Cualquier maestro puede avanzar sobre lo obvio. Un buen maestro se ocupará de las dificultades del pasaje y procurará explicarlas bien.

No obstante, eso no significa que usted necesita aclarar *cada* dificultad de un pasaje.

- Quizá se dé cuenta de que sus oyentes ya están familiarizados con el tema

- Tal vez ya haya enseñado sobre ese tema
- Es posible que esté planeando enseñar sobre el tema en un futuro sermón por medio del cual le resultará más apropiado hablar sobre el asunto (en ese caso sería bueno decírselo a los oyentes)

No es difícil detectar las dificultades en un pasaje. La primera o segunda vez que lea un texto bíblico sobre el que va a enseñar, pregúntese lo siguiente antes de mirar en algún comentario:

- ¿Qué es lo que no consigo entender de este pasaje?

Y anote esos pensamientos. A continuación, léalo de nuevo y pregúntese:

- ¿Qué es lo que no entendería de este pasaje un nuevo creyente?

Dar este paso lo ayudará a elaborar una lista de preguntas que debe considerar en oración y responder mediante su enseñanza.

20. Compruebe sus conclusiones con fuentes confiables.

«Parece extraño que algunos hombres que hablan tanto de lo que el Espíritu Santo les revela a ellos piensen tan poco de lo que Él ha revelado a los demás».[33]

Charles Spurgeon

Es raro que predique un sermón o lleve un estudio al púlpito sin antes verificar mis conclusiones (interpretaciones) con estudiosos y maestros que conocen la Biblia mejor que yo.

Aprendí muy pronto cuán importante es eso. Es increíble con cuánta facilidad puede usted pensar que ha alcanzado una comprensión clara de lo que trata un pasaje, cuando en realidad eso no es así.

[33] Charles Spurgeon, *Commenting and Commentaries* (Grand Rapids, MI: Kregel Publications, 1954), p. 1.

Estamos llamados a «usar bien» la Palabra de Dios (2. Ti. 2:15). Por tanto, antes de comunicar, sin querer, algo que no sea exacto al pueblo de Dios, lo animo a que *consulte a los expertos.*

Por eso es tan importante contar con una buena biblioteca. Hablaré más adelante de adquirir buenos libros.

21. Evite enseñar a sus oyentes simplemente *qué* significa un pasaje; muéstreles *por qué* significa eso.

«Y Pablo, como acostumbraba, fue a ellos, y por tres días de reposo discutió con ellos, declarando y exponiendo por medio de las Escrituras, que era necesario que el Cristo padeciese, y resucitase de los muertos; y que Jesús, a quien yo os anuncio, decía él, es el Cristo».

Hechos 17:2-3

Es importante que explique a sus oyentes cómo ha llegado a una interpretación en particular —*por qué* cree que un pasaje significa lo que dice que significa—. Deles razones. Muéstreles cómo sus conclusiones armonizan con lo que la Biblia enseña en otra parte.

Ahora bien, es obvio que esto no es algo que necesite hacerlo con cada pasaje. Con un versículo como: «Debemos también nosotros amarnos unos a otros» (1 Jn. 4:11), no está obligado a probar que esto realmente significa que debemos amarnos unos a otros. El significado resulta bastante claro. Invertiría mejor su tiempo si propusiera algunas maneras prácticas en las que podemos amarnos unos a otros, dando algunos ejemplos bíblicos que podemos imitar de esa virtud, etc.

Sin embargo, cuando usted enseña pasajes que no son tan claros (cp. 2 P. 3:16), o aquellos que alcanzan diversas interpretaciones, es aconsejable que justifique por qué sostiene una interpretación en particular. Al hacer esto no solo ayudará a sus oyentes a tener una mejor comprensión de lo que la Biblia enseña, sino que además los ayudará a aprender cómo estudiar la Biblia por sí mismos.

22. Tome en cuenta estos siete pasos como un posible marco de la entrega de su sermón.

En mi opinión, la mayoría de los buenos sermones pasan por siete fases, ya sea que el maestro o el oyente se den cuenta de ello o no. Familiarizarse con estas siete fases puede ayudar a aquellos de ustedes que son nuevos en la enseñanza. Las fases A, B y C se pueden reorganizar en el orden de su preferencia.

A. Oración de apertura

B. Introducción

C. Lectura del pasaje

D. Análisis y explicación del pasaje, acompañado a menudo con una o dos ilustraciones

E. Aplicación (ayuda a los oyentes a entender cómo el pasaje se puede aplicar a su vida)

Las fases C, D, y E pueden repetirse a medida que usted va pasando por otros pasajes bíblicos.

F. Exhortaciones finales[34]

G. Oración de clausura

23. Predique sobre un Dios grande.

«Porque Jehová es Dios grande, y Rey grande sobre todos los dioses».

Salmos 95:3

[34] Hablaré más sobre las conclusiones más adelante.

Me gusta contemplar las estrellas en una noche oscura y reflexionar sobre la inmensidad del universo. No hay duda de que «los cielos cuentan la gloria de Dios» (Sal. 19:1). Consideremos algunos hechos asombrosos. Si pudiéramos vaciar el interior del Sol, podríamos meter más de un millón de Tierras en su interior. El Sol es enorme, tiene 1.385.000 kilómetros de diámetro. Pero los astrónomos afirman que la estrella Betelgeuse[35] supera en mucho al Sol, tiene 354 *millones* de kilómetros de diámetro. También nos dicen que la estrella VY Canis Majoris es aún más grande; tiene más de 1.600 *millones* de kilómetros de diámetro. Si tuviéramos que reemplazar nuestro Sol con esa estrella, su superficie se extendería hasta la órbita de Saturno.[36] Eso significa que la Tierra podría continuar en su órbita dentro de esa estrella. Ahora bien, con todo y la enormidad de VY Canis Majoris, tenga en cuenta que ella no es más que una sola estrella en nuestra galaxia, la Vía Láctea.

Hoy, con la ayuda del telescopio espacial Hubble, los científicos estiman que la Vía Láctea contiene aproximadamente 200 mil millones de estrellas. Y los científicos estiman que el universo contiene en cualquier lugar más de 100 mil millones de galaxias, y que cada una de las cuales incluye desde cerca de mil millones a más de un *billón* de estrellas.[37]

Estimado lector, creo que podemos afirmar con confianza que el universo es más grande de lo que cualquiera de nosotros se había dado cuenta y que Dios es mucho más poderoso de lo que jamás hayamos imaginado. Yo no sé en cuanto a usted, pero cuando pienso en los cielos y me doy cuenta de nuevo de quién estoy hablando en mis mensajes, quiero predicar acerca de un «gran» Dios.

Una de las razones por las que algunos cristianos luchan contra el temor o se vuelven tibios en su deseo de adorar a Dios es porque abrigan pensamientos acerca de Dios que caen muy por debajo de lo que Él es en realidad. En otras palabras, su Dios es demasiado pequeño.

Dios no permita que con nuestra predicación contribuyamos a cultivar en ellos la mentalidad de un Dios pequeño. Warren y David Wiersbe nos dan un consejo muy apropiado sobre este asunto: «No se esfuerce por preparar y predicar "grandes sermones", sino que ensalce a

---

[35] Se pronuncia «*bételxeuse*».

[36] http://hubblesite.org/newscenter/archive/releases/2007/03/full/.

[37] http://www.nasa.gov/worldbook/galaxy_worldbook.html.

un gran Salvador».[38] Su exhortación a predicar un «gran Salvador» me recuerda las palabras del salmista: «Digan siempre los que aman tu salvación: Jehová sea enaltecido» (Sal. 40:16b). Ese debe ser uno de nuestros objetivos cuando predicamos: glorificar al Señor, elogiarlo en todos sus atributos y sus grandes hazañas, ayudar a las personas a entender cuán grande es en realidad nuestro Dios.

Debemos temer a la idea de que la gente salga de nuestra enseñanza pensando: «Qué gran sermón». Sería mucho mejor si salieran pensando: «¡Qué gran Dios tenemos!». Haga que ese sea un objetivo de su enseñanza. Glorifique al Señor.

Hace algún tiempo, alguien entregó una nota a Richard Mayhue, del *Master's Seminary* en California. La abrió y leyó: «Hermano, nunca trate de ser un gran predicador. En su lugar predique acerca de un gran Salvador».[39] ¡Qué gran consejo! Tenemos un gran Salvador. Hablemos a la gente acerca de Él.

24. Procure hacer hincapié en lo que *Dios* ha hecho por las personas, no en lo que las *personas* han hecho por Dios.

«Para alabanza de la gloria de su gracia,
con la cual nos hizo aceptos en el Amado».
EFESIOS 1:6

Una de nuestras metas como pastores y maestros del pueblo de Dios es ayudarlo a hacer de *Dios* el centro de su vida. Queremos que corran la carrera con los ojos puestos en Jesús, el autor y consumador de la fe (He. 12:2). Confío en que usted esté de acuerdo conmigo en eso. Pero cabe la posibilidad de que en nuestra predicación, incluso sabiendo que lo anterior es verdad, centremos nuestra atención en un hombre (un personaje

---

[38] Warren Wiersbe y David Wiersbe, *The Elements of Preaching* (Wheaton, Ill.: Tyndale House Publishers, 1986), p. 44.
[39] Richard L. Mayhue, «Introducciones, ilustraciones y conclusiones» en *La predicación: Cómo predicar bíblicamente* (Nashville, TN: Grupo Nelson, 2009), p. 271.

bíblico) o en las grandes cualidades y características de una *persona* en particular en vez de centrarnos en el Dios que formó a esa gran persona.

No hay nada de malo en hacer estudios biográficos que examinen la vida de individuos específicos de la Biblia. Hay mucho que podemos aprender de lo que se escribió acerca de ellos. Pero tenemos que ser cuidadosos al examinar su vida, sus hazañas y logros (p. ej., el ascenso de José al poder en Egipto, Gedeón derrota a los madianitas), a fin de enfocar la luz en el Señor y en lo que *Él* hizo en la vida y la situación de esa persona. Solo Él es en verdad el héroe en cada historia de la Biblia.

Aun con toda la gran estatura humana que nosotros creemos que tuvo el apóstol Pablo, en realidad, aparte de la gracia de Dios,

- ...fue el primero entre los pecadores (1 Ti. 1:15)
- ...fue un pobre desgraciado (Ro. 7:24)
- ...en él no moraba el bien (Ro. 7:18)

Con ese conocimiento, no queremos que la gente salga de nuestra enseñanza enamorados de Pablo o de cualquier otro ser humano. Lo que debemos procurar es que salgan de nuestra enseñanza glorificando a Dios, pues Él fue quien hizo grandes maravillas en Pablo y a través de él. Dios fue y es el único digno de alabanza (Mt. 19:17).

25. Sea preciso al citar estadísticas.

«Después de haber investigado con diligencia».

Lucas 1:3

He escrito en otro lugar acerca de la importancia de ser exactos a la hora de interpretar la Biblia,[40] pero también es importante esa exactitud cuando se incluyen estadísticas en el estudio. Las estadísticas pueden ser muy útiles.

- Nos orientan para saber cómo piensa cierto segmento de la población

[40] Vea mi artículo «Rules and Guidelines by Which to Properly Interpret the Bible» en nuestra sección «Hermeneutics» de AlwaysBeReady.com.

- Nos ayudan a entender cómo se comporta y siente la población acerca de determinados asuntos
- Nos permiten observar las tendencias

Pero si usted quiere conservar su credibilidad, necesita cuidarse de no usar y propagar estadísticas que sean obsoletas, inexactas, que solo sean rumores, etc. Veamos dos ejemplos rápidos:

¿Está en aumento el número de terremotos?

Usted probablemente haya oído que el número de terremotos está en aumento en todo el mundo y que eso es un cumplimiento de Mateo 24:7. Después de un gran terremoto, dondequiera que yo vaya, oigo a los cristianos mencionar esto. Bueno, los expertos señalan lo contrario y tienen infinidad de datos que respaldan su posición. El Servicio Geológico de EE. UU. (earthquake.usgs.gov) declara:

> Aunque pueda parecer que han ocurrido más terremotos, los sismos de magnitud 7,0 o superiores se han mantenido prácticamente constantes… Debido a las mejoras en las comunicaciones y el creciente interés en el medio ambiente y los desastres naturales, en la actualidad el público se entera más de los terremotos. De acuerdo con los registros a largo plazo (desde 1900), esperamos unos 17 terremotos de gran magnitud (7,0 a 7,9) y un gran terremoto (8,0 o superior) en cualquier año determinado.[41]

En una entrevista que el periódico Washington Post hizo al doctor Michael Blanpied, del Servicio Geológico de los EE.UU., el doctor explicó:

> En realidad, son tres las razones principales por las que vemos más noticias sobre terremotos devastadores. Primera, la calidad de la información se ha elevado mucho más. Segunda, somos capaces de registrarlos mejor debido a las redes sísmicas digitales globales que transmiten los datos con prontitud. Tercera,

[41] U. S. Geological Survey, «Are Earthquakes Really on the Increase?» 8 de julio de 2012, http://earthquake.usgs.gov/learn/topics/increase_in_earthquakes.php.

> más y más personas se trasladan a vivir a zonas expuestas a terremotos, por lo que hoy los terremotos golpean poblaciones vulnerables con más probabilidad que en décadas pasadas.[42]

El Instituto de Investigación sobre la Creación (ICR, por sus siglas en inglés), un grupo de investigación científica cristiana, también ha documentado que el número de terremotos no está en aumento. El doctor Steven Austin, presidente del departamento de geología del ICR, aborda esta cuestión en su página web.[43]

¿Los cristianos se divorcian tanto como los no cristianos?

Otra estadística que se cita comúnmente en los púlpitos es que la tasa de divorcio entre los cristianos es tan elevada como entre los no cristianos: ¡el 50 por ciento! Antes de afirmar algo así, sería bueno que investigue y averigüe si todos los estudios actuales han producido datos fiables como para apoyar esa conclusión. Y, cuando lo hace, descubre que ese «hecho» a menudo declarado como cierto no lo es.

La tasa de divorcio entre los cristianos en Estados Unidos es alarmante, pero no se acerca al 50 por ciento.[44] Las estadísticas dicen que la cifra más probable es un 26 por ciento. El servicio de investigación del Barna Group revela:

> Los grupos con una experiencia más prolífica de matrimonios que terminan en divorcio son adultos con bajos recursos económicos (39%), los Baby Boomers [los nacidos entre 1940 y 1954] (38%), los que están identificados con una fe no cristiana (38%), afroamericanos (36%), y las personas que se consideran liberales en asuntos sociales y políticos (37%). Entre los segmentos de población con menor probabilidad de haberse divorciado posterior al matrimonio son católicos (28%), evangélicos (26%),

[42] Dr. Michael Blanpied, «Seismic Science: Is number of earthquakes on the rise?», 9 de marzo de 2010, http://www.washingtonpost.com/wp-dyn/content/discussion/2010/03/08/DI2010030802570.html.

[43] Consulte http://www.icr.org/article/earthquakes-these-last-days y http://www.icr.org/article/twentieth-century-earthquakes-confronting-urban-le/.

[44] No me fijé en las estadísticas de divorcio de otros países, puesto que yo no sé lo que los maestros fuera de los EE. UU. están diciendo sobre el asunto.

> adultos con altos ingresos (22%), asiáticos (20%) y los que se juzgan a sí mismos como conservadores en asuntos sociales y políticos (28%).[45]

Bradford Wilcox, un destacado sociólogo de la Universidad de Virginia y director del Proyecto Nacional de Matrimonio fundado en 2007, afirma que los miembros conservadores activos de las iglesias protestantes tienen un 35 por ciento menos de probabilidad de divorciarse que los estadounidenses que no están afiliados a alguna religión.[46] Otra organización, cuyo sitio web es TruthorFiction.com, ha llegado en su investigación a estadísticas similares, y llama a la estadística del 50 por ciento «una leyenda urbana tristemente desalentadora».[47]

Mi colega predicador, antes de que incluya estadísticas en su estudio, le sugiero que se plantee unas pocas preguntas:

- ¿Quién lo dice?
- ¿Quién recopiló los datos?
- ¿A quién contaron?[48]
- ¿Cuándo?
- ¿Dónde?

Y dígales a sus oyentes algunos de esos hechos de forma que ellos logren sacar sus propias conclusiones. Por ejemplo, en vez de solo salir y decir: «Un 38 por ciento de los estadounidenses creen (llene el espacio)». Exprese algo como: «De acuerdo con la organización de encuestas Gallup, que en 1998 encuestó a 30.000 adultos de todos los Estados Unidos, el 38 por ciento de los estadounidenses cree esto y aquello».

---

[45] Barna Group, «New Marriage and Divorce Statistics Released» [Publicación de nuevas estadísticas sobre el matrimonio y divorcio] http://barna.org/barna-update/article/15-familykids/42-new-marriage-anddivorce-statistics-released. 31 de marzo de 2008.

[46] John Stonestreet, «Busting the Myth: Christians and Divorce», 5 de octubre de 2012, http://www.breakpoint.org/bpcommentaries/entry/13/20460?tmpl=component&print=1.

[47] Consulte: http://www.truthorfiction.com/rumors/d/divorce.htm.

[48] ¿Se realizó la encuesta entre 100 reclusos en una prisión en alguna parte? ¿Se realizó la encuesta en una sola ciudad? Estos factores pueden alterar los resultados.

26. Sea exacto al referir historias.

«Siguiendo la verdad en amor».

Efesios 4:15

Además de tener mucho cuidado con las estadísticas (vea el capítulo anterior), sea cuidadoso en evitar el uso de «leyendas urbanas» en sus mensajes. Las leyendas urbanas son esas historias fascinantes que con frecuencia circulan por el correo electrónico y *que no son ciertas*. Parecen auténticas y uno se siente tentado a usarlas. Más de un maestro ha utilizado alguna en un sermón por inexperiencia. Permítanme compartir con ustedes unas pocas que algunos maestros han utilizado.

- **Una evangelista en el avión que se perdió de Alaska Airlines**

Supuestamente, una mujer predicó a los pasajeros del avión de Alaska Airlines que cayó el 31 de enero del 2000 frente a las costas de California. Durante los últimos nueve minutos de sus vidas les testificó y, finalmente, los dirigió en una oración. Aparentemente quedó registrado en una grabación. *No es cierto.*

- **La autora de *Harry Potter* es satanista**

Se publicó una noticia sobre la autora J. K. Rowling afirmando que es satanista, dispuesta a engañar a los niños y alejarlos del Señor e iniciarlos en el sacrificio de animales. Bueno, la historia salió de un artículo publicado en *The Onion*, un periódico que publica a propósito historias de sátira escandalosas y falsas para hacer reír.[49]

- **La computadora de la Bestia**

Se refería supuestamente a una gigantesca computadora de tres pisos, en Bruselas, Bélgica, que tenía la capacidad de hacer el seguimiento de cada venta efectuada en el mundo. *No es verdad.*

---

[49] «Harry Potter Books Spark Rise In Satanism Among Children» 26 de julio de 2000. http://www.theonion.com/articles/harry-potter-books-spark-rise-in-satanism-among-ch,2413/.

- **Charles Darwin**

Charles Darwin se arrepintió y abrazó el cristianismo en su lecho de muerte. *No es cierto.*

- **La NASA descubre un día perdido**

La NASA encontró un «día perdido» en el calendario, y eso se explica solo mediante la Biblia. *No es cierto.* La NASA emitió un comunicado negando rotundamente que tal descubrimiento hubiera tenido lugar.[50]

- **Tragado por una ballena**

A un ballenero del siglo XIX se lo tragó una ballena y lo recuperaron con vida, lo que demuestra la posibilidad del relato de Jonás. *No es verdad.*

- **El versículo favorito de Al Gore**

Se dice que Al Gore, quien fue vicepresidente de los EE. UU., afirmó durante un discurso de campaña política que su versículo favorito de la Biblia era Juan 16:3. En ese versículo, Jesús dice: «Y harán esto porque no conocen al Padre ni a mí». *No es cierto.*

- **Aviones a prueba del arrebatamiento**

Las compañías aéreas programan pilotos cristianos con una tripulación no cristiana en caso de que el cristiano desaparezca en el arrebatamiento. *No es verdad.*

- **George W. Bush, el evangelista**

Se cuenta que el expresidente George W. Bush dedicó tiempo en un banquete a ayudar a un adolescente a convertirse al cristianismo. *No es verdad.*

Estas historias suenan muy bien, pero todas fueron inventadas. Si usted, aunque sea sin saberlo, incluye este tipo de historias erróneas en sus mensajes, su credibilidad caerá frente las personas que leen y están bien informadas (sin hablar de aquellos oyentes, que con sus iPad y navega-

---

[50] NASA, «Ask an Astrophysicist» 25 de marzo de 1997, http://imagine.gsfc.nasa.gov/docs/ask_astro/answers/970325g.html.

dores web abiertos, están listos para verificar todo lo que usted afirma). Usted no debe hacer nada que socave su credibilidad como fuente confiable de la verdad. Los no creyentes, que a menudo están buscando justificaciones para *no creerle*, tendrán una buena razón si llegan a saber la verdad detrás de este tipo de historias.

Por tanto, sea cuidadoso. Si no está seguro de que algo sea digno de confianza, no lo use. Sea como Lucas: «Me ha parecido también a mí, después de haber investigado con diligencia todas las cosas desde su origen, escribírtelas por orden... para que conozcas *bien la verdad*» (Lc. 1:3-4). Verifique en fuentes confiables, originales y compruebe los hechos. TruthorFiction.com y Snopes.com son sitios muy útiles de la web. Muchas veces, ellos le informarán si una historia es verdadera o simplemente es una invención y cómo llegaron a esa conclusión.

27. Evite la aliteración al formular sus puntos.

«¿Cómo van a reflexionar los oyentes sobre la belleza de nuestro Señor si están pensando en cuán inteligente es el predicador?».

El autor

El uso de las mismas letras una y otra vez en sus puntos principales se llama *aliteración*. El bosquejo de un pastor o una lista de sus puntos principales podría verse así:

1. Jesús se a**p**artaba para orar a Dios (Lc. 5:16)
2. Jesús **p**redicaba de Dios (5:17a)
3. Jesús estaba fortalecido por el **p**oder de Dios (5:17b)
4. Jesús estaba **p**resente como Dios (5:17c)
5. Jesús tenía la misma **p**asión que Dios (5:18-26)
6. Justino, el **p**redicador, a diferencia de Dios, se desmayó por agotamiento al tratar de pensar en tantas palabras con «P».

La aliteración se ha convertido en una práctica muy popular en el púlpito, pero en la mayoría de los casos opino que debería evitarse. Yo también me aficioné y la usé bastante. Permítame darle siete razones por las que decidí eliminar esta práctica de mis estudios:

A. Jesús no enseñó de esa manera, tampoco los profetas ni los discípulos.

Esa razón ya es de por sí suficiente para mí. A esto añado el hecho de que ninguno de nosotros habla de esa manera en la vida cotidiana; de modo que, bajo mi perspectiva, el asunto queda definitivamente resuelto.

B. La aliteración dirige la atención hacia la habilidad del predicador.

Cuando el maestro comunica sus puntos usando la aliteración, los oyentes a menudo permanecen sentados allí, y piensan: «*¡Caramba! ¡Eso es genial! Todos esos puntos comienzan con la misma letra. Es increíble. Me pregunto cómo logra hacerlo*».

¿Queremos que nuestros oyentes estén pensando en lo inteligentes que somos mientras les enseñamos? Nuestra meta suprema en la enseñanza es *glorificar* a Dios, no que parezcamos inteligentes. ¿Cómo van a reflexionar las personas sobre la belleza de nuestro Señor si están pensando en cuán inteligente es el predicador?

En cierta ocasión, después de predicar un sermón con un bosquejo aliterado, alguien se me acercó y me comentó: «Fue genial lo que hizo, ¿cómo consiguió sacar todas esas palabras que empiezan con S?». Ese fue el comienzo de mi cambio de opinión con respecto a la aliteración. Mientras él me hacía ese comentario, yo me decía a mí mismo: «Parece más impresionado *conmigo* que con lo que la Biblia tiene que decirle». Ese fue un pensamiento que me horrorizó. Juan el Bautista declaró: «Es necesario que *él crezca*, pero que *yo mengüe*» (Jn. 3:30).

C. Las personas a las que usted enseña pensarán que expone material copiado.

En más de una ocasión, después de enseñar estudios con los puntos aliterados, alguien se me acercó y me preguntó: «*¿De dónde sacó usted esos puntos?*» o »*¿Ha sido capaz de sacar todo ese esquema por usted mismo?*». Sabiendo que yo no tenía estudios avanzados en comunicación, asumieron que yo había copiado el material de otra persona. Si usted usa la aliteración, sus oyentes probablemente pensarán lo mismo: «*¿En verdad él estudia, o saca sus mensajes de alguna parte?*».

Bueno, Dios no quiera que nuestros oyentes piensen que nosotros solo somos unos copiones de sermones y que no amamos e interactuamos personalmente con la Palabra de Dios.

D. La aliteración no ayuda tanto como pensamos a que los oyentes recuerden.

Una de las numerosas razones por las que algunos maestros usan la aliteración en los puntos de sus bosquejos es porque creen que ayuda a que los oyentes recuerden mejor. En otras palabras, la aliteración ayuda a las personas a recordar los puntos principales de la enseñanza. Esa es una de las razones por las que yo solía usarla. Pero me di cuenta, mientras me preguntaba acerca de la eficacia de la aliteración, que yo mismo no conseguía recordar ninguno de los bosquejos que había oído que tenían aliteración. ¿Usted puede? ¡Apenas puedo recordar *mis propios* estudios en los que usé aliteración!

E. La aliteración puede desalentar a maestros potenciales.

Tal vez allí, entre sus oyentes, se hallen hombres y mujeres que estén pensando en ayudar en la enseñanza de niños o comenzar un estudio bíblico en el trabajo o en sus hogares. Cuando escuchan su sermón cargado de toda esa habilidad, rimas y aliteración de puntos, algunos llegarán a pensar: «Yo nunca habría llegado a ese tipo de esquema. No creo que esté llamado a hacer esto». Su aliteración podría desanimar a otros obreros a unirse al ministerio de la enseñanza.

Me encanta el pastor Chuck Smith de la Iglesia Calvary Chapel en Costa Mesa, California. Me gusta su estilo de enseñanza. Nunca he oído comentar que él aplique la aliteración en un sermón. Este siervo de Dios lee la Palabra. Luego explica el versículo y da una exhortación, y después pasa al versículo siguiente, y así capítulo tras capítulo, un libro tras otro. Hace las cosas bien sencillas y su sencillez ha inspirado a cientos de hombres al deseo de enseñar la Palabra a otros. Escuchan al pastor Chuck y piensan: «Con la ayuda de Dios es posible que yo sea capaz de hacer eso».

F. La aliteración nos tienta a retorcer el texto.

Cuando usted tiene cuatro puntos que ha conseguido armonizar de manera que todos comiencen con la letra «M», ¿que sucede cuando llega al quinto punto y no importa cuánto se esfuerce, no encuentra una palabra con «M» que funcione? Bueno, la tentación será restar importancia (o enfatizar) a algo que está (o no está) ahí, con el fin de que le salga el bosquejo como *usted* quiere. Esa no es la manera de manejar la Palabra de Dios.

G. La aliteración nos ocupa un tiempo valioso.

Pensar en que los puntos comiencen con la misma letra ocupa tiempo, y, en mi opinión, ese tiempo se usaría mejor en el estudio del texto y en orar por las personas que escucharán el mensaje. Así, pues, por esas razones, lo animo a evitar la aliteración.

28. No lleve a sus oyentes a una aparente excursión interminable por las páginas de toda la Biblia.

«Aún tengo muchas cosas que deciros,
pero ahora no las podéis sobrellevar».

JUAN 16:12

Cuando enseño, me gusta preparar una argumentación sólida basada en la Biblia de que un punto en particular que estoy desarrollando realmente es lo que las Escrituras enseñan. No quiero que los oyentes crean algo, porque *yo* lo digo. Quiero que ellos crean algo porque lo han visto y se han convencido de que las Escrituras lo enseñan.

Para lograr eso, a menudo pido a la congregación que lea tres o cuatro versículos que apoyan la enseñanza que estoy impartiendo. Por ejemplo, si les estoy hablando de que «Jesús es el único Salvador de la humanidad», quizá pida a la congregación que lea:

- Las palabras de Pedro en Hechos 4:12
  «Y en ningún otro hay salvación».

- Las palabras de Juan el Bautista en Juan 3:36
  «El que cree en el Hijo tiene vida eterna».

- Las palabras de Jesús en Juan 14:6
  «Nadie viene al Padre, sino por mí».

Leer o citar referencias cruzadas puede…

- Añadir credibilidad a su interpretación
- Fortalecer la enseñanza que imparte
- Mostrar la armonía que existe en las Escrituras
- Ayudar a que una verdad penetre en la mente de sus oyentes
- Dar a las personas más tiempo para que consideren lo que se dice

Ahora bien, habiendo dicho eso, existe una trampa que conviene evitar al compartir referencias cruzadas y muchos maestros inexpertos han caído de cabeza en la trampa, incluido su servidor.

La caída en la trampa por lo general sucede así. El predicador bien intencionado lee un pasaje de las Escrituras. Entonces, pensando que de verdad necesita armar un caso para algo, invita a la audiencia a leer otro versículo de apoyo. Lo lee, y luego pasa al versículo siguiente, deteniéndose solo el tiempo suficiente para leerlo y tal vez ofrecer un breve comentario. Hasta aquí, todo va bien, pero no crea que ya ha terminado. No, nada de eso. Solo está calentando motores. Así que pide que lean el siguiente versículo, y el siguiente, y el siguiente, creyendo, todo el tiempo, que el peso acumulado de todas esas Escrituras y la rapidez con que avanza la verdad bendice realmente a sus oyentes. No lo crea, no los bendice. Los frustra.

Después del cuarto o quinto versículo, las personas dejan de pasar las páginas de sus Biblias. Sus ojos comienzan a ponerse vidriosos. Empiezan a garabatear distraídamente en la parte posterior del boletín. Se ponen a revisar el correo electrónico en sus teléfonos. Se preguntan cuáles son los resultados de fútbol. ¿Por qué? El predicador los está sobrecargando muy rápido con demasiada información. Ellos ya entendieron y estuvieron de acuerdo con lo que el predicador trataba de demostrar después del segundo o tercer versículo. No necesitaban diez versículos. Tres o cuatro hubieran bastado.

Por supuesto, es bueno que lleve a los oyentes a un recorrido largo, bien pensado y guiado y con un ritmo atinado a través de la Biblia. Pero en el camino usted va haciendo comentarios; aclarando el significado de los pasajes, aportando ilustraciones cuando sea necesario, hablando de cómo es posible aplicar la verdad a los creyentes en circunstancias particulares, etc. Si usted enseña de esa manera, la audiencia le prestará atención con alegría durante un período de tiempo mucho más largo.

29. Recuerde que, donde las Escrituras no dicen nada, no es necesaria la especulación.

«Jamás predicamos cuando nos aventuramos en especulaciones... La predicación es la proclamación de la Palabra».[51]

G. Campbell Morgan

Dios ha dado a la humanidad todo lo que necesitamos saber para ser salvos y vivir una vida victoriosa (2 P. 1:3). Ciertamente Dios pudo habernos dado todo tipo de detalles con respecto a otros muchos asuntos y materias (Jn. 20:30). La Biblia podría ser una colección de miles de libros, en vez de los 66 que tenemos. Pero no lo es. Dios, en su sabiduría, sabe exactamente lo que necesitamos saber (Dt. 29:29).

A pesar del hecho de que hay mucho que aprender en la Biblia y que contiene una gran cantidad de material para predicar, todos podemos sentir la tentación de especular acerca de cosas que Dios ha optado por no revelar. Especular es elaborar una teoría o conjetura acerca de un tema sobre el que no se encuentran pruebas sólidas. Una vez escuché una enseñanza en la que el pastor especuló sobre dónde podría estar el cielo. Según él, era probable que se hallara en alguna parte norte del espacio

[51] G. Campbell Morgan, *Preaching* [*El ministerio de la predicación*] (New York: Fleming H. Revell Company, 1937), p. 30. Publicado en español por Clie.

en el que los astrónomos dicen que hay pocas estrellas. La Biblia no menciona dónde se halla el cielo. Solo indica que está arriba (p. ej., 2 R. 2:11; Jn. 6:41). Afirmar más que eso es ir más allá de lo que dice la Biblia. Me enteré de otro maestro que trató de razonar y explicar que un ángel en particular fue el que en el momento de la crucifixión rasgó la cortina del templo. Todo era pura especulación. Otros han hablado de cuán mayores nos veremos en el cielo, o cuán largo era el cabello de Jesús, etc.

Antes de especular o de dar a conocer sus opiniones sobre temas como esos, sobre los que la Biblia no dice nada, por favor, tenga en cuenta que no es necesario hacerlo y que puede ser perjudicial para sus oyentes y para otros. ¿Por qué?

A menudo, las *especulaciones* o teorías del maestro terminan siendo las *creencias* de su oyente. Y las creencias del oyente son, por lo general, los temas sobre los que suele hablar con los demás y que circulan por muchas partes. ¿Es eso lo que queremos, que el pueblo de Dios crea y transmita especulaciones, cosas que ni siquiera pueden ser verdad, ideas que no tienen ninguna evidencia firme que las sostenga? ¿Queremos ser los arquitectos de teorías que se convierten en leyendas urbanas? ¡Dios no lo quiera! Queremos que la fe de nuestros oyentes esté «[confirmada] en *la verdad*» (2 P. 1:12).

Aquellos que aparecen ante el pueblo de Dios para enseñar deben ser predicadores de «la palabra» (2 Ti. 4:2), no especuladores de lo que no se puede conocer. Hemos de ser anunciadores de «todas las cosas que [Jesús] ha mandado» (Mt 28:20), no heraldos de lo desconocido.

30. Sea cuidadoso con la frecuencia con la que se refiere al griego y al hebreo.

«Cuyo nombre en hebreo es Abadón, y en griego, Apolión».

Apocalipsis 9:11

A menudo me preguntan si sé hebreo o griego. Me gusta responderles que «el griego y el hebreo que conozco son pequeños. El pequeño hebreo fue nuestro guía de turismo en Israel. El pequeño griego es dueño de un excelente restaurante ubicado al otro extremo de la ciudad». Pero, ahora en serio, permítame ofrecer aquí un comentario rápido en relación con el uso de los idiomas originales en su enseñanza. Estoy de acuerdo con Bryan Chapell: «La predicación excelente hace que la gente confíe en que la verdad bíblica se encuentra a su alcance, no más allá de sus posibilidades».[52] Usted no quiere dar a sus oyentes la impresión de que necesitan formación de seminario teológico o estudios en hebreo y griego para obtener un conocimiento profundo de la Palabra de Dios.

Como menciono en otro lugar de este libro, nuestro objetivo no es impresionar a nuestros oyentes. No hay nada malo en que en ciertas ocasiones se haga referencia a palabras griegas, arameas o hebreas (Ap. 9:11), pero lo animo a que sea moderado. En todo caso, una o dos veces por enseñanza es una buena pauta. Referirse a las lenguas originales repetidas veces probablemente creará la impresión de que la Palabra de Dios es un complicado laberinto de pasadizos oscuros por el que solo los teólogos y los expertos en idiomas bíblicos pueden navegar con éxito. Cuando hace eso, desanima a las personas a que lean y estudien la Biblia. Y desde luego no queremos que eso suceda.

---

[52] Bryan Chapell, *Christ-Centered Preaching* (Grand Rapids, Mich.: Baker Books, 1994), p. 106.

LA PREPARACIÓN DE LA INTRODUCCIÓN

31. Logre introducciones interesantes, cortas y claras.

«El propósito principal de la introducción es crear interés y convencer al oyente de que puede recibir ayuda si presta atención al mensaje».[53]

WARREN WIERSBE

Cuando usted se dirige al púlpito, existen docenas de asuntos que cada persona sentada en el templo puede optar por pensar o hacer. Pueden escucharlo o pueden...

- Enviar un mensaje a sus amigos
- Trabajar en una lista de cosas por hacer
- Escribir garabatos en la parte posterior del boletín
- Leer la Biblia por su cuenta
- Pasar notas

---

[53] Warren Wiersbe y David Wiersbe, *The Elements of Preaching* (Wheaton, Ill.: Tyndale House Publishers, 1986), p. 75.

- Navegar en la web o distraerse con juegos en su teléfono
- Emprender un largo viaje al baño
- Ir a la cocina del templo para buscar un café
- Dormir

A medida que ellos empiezan a reflexionar sobre si van a prestarle toda su atención o no, muchos de ellos ya tienen una pregunta en su mente: «¿Por qué debería yo escuchar este mensaje?». Con frecuencia, dentro de los dos primeros minutos de su mensaje, ellos determinan lo que van a hacer el resto del tiempo. Si usted los aburre o no logra captar su atención, corre el riesgo de perderlos durante gran parte del mensaje. La mejor manera de asegurar que la gente escuche lo que tiene que decir es elaborar una introducción convincente.

Una buena introducción logra convencerlos de que pueden recibir ayuda si escuchan la lectura (las Escrituras) y la exposición (la predicación) que la siguen.[54] En su libro, *La predicación bíblica*, Haddon Robinson expresa lo siguiente acerca de la introducción:

> Usted debe hacer que la atención voluntaria se convierta en atención involuntaria. Cuando usted comienza, las personas escuchan porque deben hacerlo, pero en poco tiempo, debe motivarlos a escuchar porque *no pueden dejar* de hacerlo.[55]

Hay muchas maneras de empezar un mensaje. Usted puede…

- Leer las Escrituras
- Hablar un poco sobre el trasfondo del texto (el escenario, el año, el autor, etc.)
- Referirse a un suceso actual
- Hablar de una experiencia personal
- Hacer a la congregación una pregunta o dos (preguntas que usted planea responder durante el mensaje)

Diga lo que diga, asegúrese de que los dos primeros minutos del comienzo sean interesantes.

---

[54] Adaptado de Wiersbe, *The Elements of Preaching*, p. 75.

[55] Haddon Robinson, *Biblical Preaching* [*La predicación bíblica*] (Grand Rapids, Mich.: Baker Book House, 1980), p. 168. Publicado en español por Unilit.

En un estudio que enseño sobre la evidencia de la veracidad de la Biblia, no empiezo hablando de la primera evidencia. Comienzo con una serie de preguntas: ¿Por qué confía usted en la Biblia? ¿Qué evidencia tiene de que ella es confiable? ¿Qué pasa con otros libros como el Corán y el Libro del Mormón? ¿Qué hace que la Biblia sea diferente a estos libros? ¿No ha sufrido la Biblia cambios a través de los siglos mientras la han traducido y copiado?

Estas son preguntas difíciles de responder —preguntas que muchas personas no están preparadas para contestar—. Empezar una enseñanza con preguntas como estas ayuda a crear interés. Las personas se dan cuenta de que podrían recibir un poco de ayuda en esta área. Saber que quizá un día cualquiera enfrenten este tipo de preguntas, hace que muchos se sienten, busquen un bolígrafo para tomar notas y se acomoden para escuchar con mayor atención.

Al considerar las posibles introducciones a su enseñanza, formúlese las siguientes preguntas:

A. ¿Es apropiada para la ocasión?

Usted no debe comenzar con un chiste para introducir un mensaje sobre el infierno o la muerte.

B. ¿En verdad introduce el tema de mi mensaje?

C. Cuando finalizo, ¿les doy a los oyentes el mensaje que he prometido en la introducción?

D. ¿Es corta?

Piense en la introducción como un aperitivo en relación con los platos principales.

E. ¿Crea el máximo nivel de interés para captar la atención de la congregación?

F. ¿Es la introducción clara y llamativa?[56]

Su introducción debería ser tan clara como el cristal. Imagínese que

---

[56] Estas preguntas están tomadas del capítulo: «Introducciones, ilustraciones y conclu-

toma un libro y se pregunta si va a merecer la pena leerlo por el tiempo que le va a dedicar. ¿Qué hace usted? Mira el índice del contenido, lee el primer párrafo o, si tiene tiempo, lee la introducción. Si usted queda confundido con lo que se expresa allí, ¿qué va a hacer? Deja el libro. Lo mismo ocurre con sus introducciones. Si usted no es claro o es poco interesante, va a perder a la gente.

32. Prepare la introducción al final de su estudio.

«El prefacio de un libro es siempre lo último que se escribe».[57]

G. CAMPBELL MORGAN

En general, el mejor momento para preparar una introducción para su sermón es *después* de haber elaborado el resto del mensaje. Usted no quiere trabajar duro haciendo una fantástica introducción al inicio de su preparación solo para abandonarla más adelante en la semana, al darse cuenta, con más claridad, qué es lo que en realidad va a enfatizar en su enseñanza. Su tiempo de estudio es demasiado valioso como para perderlo con introducciones que terminan en la papelera.

Por tanto, lo animo a llevar a cabo todo su estudio y preparación. Después, cuando se sienta bien familiarizado con el contenido de su mensaje, sabrá mejor qué tiene que introducir.

Obviamente, si usted piensa que tiene una idea genial para una introducción antes de que haya terminado su estudio y elaborado su mensaje, anótela. Quizá termine usándola.

---

siones» de Richard Mayhue en *La predicación: Cómo predicar bíblicamente* (Nashville, TN: Grupo Nelson, 2009), pp. 271–272.

[57] G. Campbell Morgan, *Preaching* [*El ministerio de la predicación*] (New York: Fleming H. Revell Company, 1937), p. 127. Publicado en español por Clie.

LA PREPARACIÓN DE LAS ILUSTRACIONES

33. Utilice las ilustraciones con sabiduría.

«Cuando los comunicadores principiantes ven la mirada perdida en los rostros de sus oyentes suelen decir: "Déjenme que se lo repita". Los predicadores eficaces responden a esas miradas perdidas con las palabras: "Permítanme que se lo ilustre"».[58]

J. Kent Edwards

Jesús es el maestro más grande de la historia. Por tanto, cuando se trata de enseñar, hacemos muy bien si vemos al Maestro y aprendemos de Él. Es interesante observar con cuánta frecuencia y cómo usó Jesús las ilustraciones para ayudar a sus oyentes a entender un punto fundamental. No era raro que Él relacionara lo que les explicaba con hechos acerca de gorriones, lirios, camellos, semillas, tumbas blanqueadas, etc. Y por buenas razones, las ilustraciones...

- Vuelven interesante el sermón

[58] J. Kent Edwards, *Deep Preaching* (Nashville, Tenn.: B&H Academic, 2009), p. 168.

- Hacen que un punto sea más notable
- Hacen una verdad más convincente (algunas personas responden mejor a las imágenes que a los hechos)
- Hacen la enseñanza más clara y comprensible
- Logran que la verdad sea motivadora
- Ayudan a activar el oído de los desinteresados
- Involucran todos los sentidos humanos en el proceso de comunicación[59]
- Transforman lo abstracto en concreto, lo antiguo en moderno, lo desconocido en conocido, lo general en particular, lo vago en preciso, lo irreal en real, y lo invisible en visible[60]

Todas estas son buenas razones para utilizar ilustraciones en sus mensajes. Pero tenga cuidado con la frecuencia con que las usa.

Uno de los peligros del empleo excesivo de ilustraciones es que cabe la posibilidad de que sus oyentes lleguen a ser *dependientes* de ellas. Alimentarse de una dieta constante de sermones llenos de ilustraciones, relatos divertidos y analogías interesantes puede hacerle difícil a una persona conformarse con escuchar cualquier otro tipo de estudio o enseñanza *sin* ilustraciones, y eso incluiría los momentos de quietud para la lectura de la Palabra de sus propios oyentes. Usted no quiere que las personas se sienten a leer la Biblia a mitad de la semana y piensen: «Esto no es tan divertido o interesante como cuando mi pastor lo enseña».

No creo que un buen sermón necesite muchas ilustraciones. Si se expresa con claridad y explica el contexto del pasaje y los antecedentes históricos, sus oyentes a menudo pueden entender lo que usted dice sin necesidad de una ilustración. Si cree que más adelante va a enseñar un concepto difícil de entender para sus oyentes, entonces planee acompañarlo con una ilustración; pero no tiene por qué usar un relato largo.

La mayoría de las ilustraciones de Jesús ocupan un párrafo o dos en extensión. Muchas de las ilustraciones utilizadas por los autores del Nuevo Testamento son analogías cortas y simples (por ejemplo, «Porque

---

[59] John MacArthur y Dr. Richard Mayhue, *La predicación: Cómo predicar bíblicamente* (Nashville, TN: Grupo Nelson, 2009), pp. 278, 323-324.
[60] John Stott, *Between Two Worlds: The Challenge of Preaching Today* [*La predicación: Puente entre dos mundos*] (Grand Rapids, Mich.: W. B. Eerdmans, 1982), p. 239. Publicado en español por Libros Desafío.

¿qué es vuestra vida? Ciertamente es neblina que se aparece por un poco de tiempo, y luego se desvanece» (Stg. 4:14).

34. Evite emplear reiteradamente sus ilustraciones favoritas.

«Ellos pensarán que la Palabra de Dios es aburrida, cuando en realidad el que aburre es usted».

El autor

Cuando usted trata de encontrar una ilustración para un punto que quiere exponer, puede sentirse tentado a usar una que ya utilizó antes, en vez de buscar una nueva. No obstante, existe un peligro en el uso de ilustraciones recicladas. Usar las mismas ilustraciones una y otra vez embota los sentidos de las personas a las que usted enseña y las tienta a desconectarse. Tan pronto como inicia esa historia que ya han oído una o dos veces en los últimos dos años, muchos de sus oyentes pensarán: «Ya sé esto». La ilustración termina por aburrirlos.

El gran peligro de aburrir a sus oyentes con ilustraciones viejas y gastadas es que van a transferir esa sensación de aburrimiento a la misma Palabra de Dios. Ellos pensarán que la Palabra de Dios es aburrida, cuando en realidad, ¡el que aburre es *usted*!

Es bueno recordar a los oyentes la verdad de Dios, pero no use las mismas ilustraciones oxidadas para hacerlo. Obtenga ilustraciones nuevas y actuales para las verdades eternas de la Palabra de Dios. Los que siguen son algunos lugares para buscar ilustraciones:

- **La Biblia** (Este es el mejor lugar para buscar. Hablaremos más sobre esto en el siguiente capítulo)
- **Su experiencia de vida**
- **Libros** (Cuando encuentro en un libro una buena cita o ilustración, anoto el título y número de página de ese libro en una carpeta que he creado en mi computadora por orden alfabético)
- ***200 anécdotas e ilustraciones***, por D. L. Moody (publicado por Editorial Portavoz)

- **Biografías**
- **Historias sacadas de las noticias**
- **Almanaques**
- ***El libro de los récords Guinness***
- **Otros estudios bíblicos que usted conozca**
- ***Nuestro pan diario*** (rbclatino.org)

Usted incluso puede crear sus propias ilustraciones. Jesús lo hizo. Usted podría comenzar su propia ilustración o parábola diciendo algo así como: «*Imagínese* que cierto día usted va conduciendo su auto por la carretera…» o «Vamos a *suponer* que un día su amigo se acerca a su casa realmente hambriento…».

35. Use ilustraciones que en verdad cumplan un propósito real.

«Tenemos que ser implacables en descartar lo irrelevante… el material irrelevante debilitará el efecto del sermón».[61]

JOHN STOTT

Las ilustraciones pueden ser una gran pérdida de tiempo e incluso una distracción si no se utilizan con cuidado y moderación. Cuando usted esté pensando en usar una ilustración, formúlese dos preguntas:

1. **¿Sirve esta ilustración para alcanzar un propósito real? En otras palabras, ¿es necesaria?**
2. **¿Ayuda a ilustrar lo que se dice en las Escrituras que estoy enseñando?**

Es tentador que, al encontrarse con algo que usted lee o una escena de una historia conmovedora, piense: «Tengo que hablarles de esto a las personas que enseño». Tenga cuidado. Usted no tiene tiempo como para

---

[61] John Stott, *Between Two Worlds: The Challenge of Preaching Today* [*La predicación: Puente entre dos mundos*] (Grand Rapids, Mich.: W. B. Eerdmans, 1982), p. 228. Publicado en español por Libros Desafío.

perderlo con historias que no son necesarias. Y en realidad se arriesga a *desviar* la atención de la Palabra y del mensaje que Dios tiene para su pueblo.

F. B. Meyer, el reconocido predicador inglés, dijo lo siguiente de un predicador que él admiraba:

> Con rigor implacable, él *eliminaba todos los elementos de retórica innecesarios*, como hizo el gran artista con el cáliz exquisitamente pintado en el cuadro de la Cena del Señor, porque atraía la atención que él tenía toda la intención de centrar solo en el rostro de Cristo.[62]

Si su ilustración es más memorable que la verdad que tiene el propósito de ilustrar, se podría pensar que es más una *distracción* que una ilustración. En su libro, *La predicación: Puente entre dos mundos*, John Stott escribe:

> Tenemos que ser implacables en descartar lo irrelevante. Esto es más fácil decirlo que hacerlo. Durante nuestras horas de meditación, numerosos pensamientos benditos e ideas brillantes pueden venir a nuestra mente y los anotamos diligentemente. Es tentador tratar de incluirlos todos en el sermón. ¡Resista la tentación! El material irrelevante debilitará el efecto del sermón. Eso le será muy útil en otro momento. Necesitamos fortaleza mental para mantenerlo en espera hasta que de verdad lo necesitemos.[63]

36. Rehúse traicionar la confianza de alguien en aras de una ilustración.

«El que anda en chismes descubre el secreto;
mas el de espíritu fiel lo guarda todo».

PROVERBIOS 11:13

---

[62] F. B. Meyer, *Jottings and Hints for Lay Preachers* (Londres: A. Melrose, 1903), pp. 17-18, cursivas añadidas

[63] J. Stott, *Between Two Worlds* [*La predicación: Puente entre dos mundos*], p. 228.

Existen personas en su vida que han confiado en usted. Le han confesado ciertas cosas íntimas. Le han permitido conocer sus temores y luchas. No se refiera a ellos y a sus luchas en sus ilustraciones, en especial usando su nombre:

- «Estaba hablando con mi amigo Juan hace unos días acerca de sus dificultades con… (termine la frase) y empecé a pensar…»
- «Conozco una mujer joven llamada Sara que ha tenido muchas dificultades en relacionarse con las personas con las que trabaja…»

En vez de escuchar cómo su historia ilustra el texto bíblico, muchos de sus oyentes comenzarán a pensar: «No puedo creer que Juan ande luchando con eso». Van a empezar a preguntarse: «¿De qué Sara está hablando? ¿Es la Sara sentada en la banca detrás de mí o tal vez es la Sara del grupo de alabanza? No. Probablemente es la Sara que trabaja en la iglesia». Y cuando haya concluido la historia, todavía se preguntarán sobre lo mismo.

Obviamente, una ilustración como esa hace más daño que bien. Este tipo de ilustraciones lubrica el molino de los chismes y dice a sus oyentes que usted no es una persona a la que pueden acudir para pedir oración o consejo (Pr. 20:19). ¿Quién querrá buscar consejo de alguien que a la vuelta se refiera a su situación en una ilustración? Así, pues, no traicione la confianza de las personas por el interés de una ilustración.

37. Evite ilustraciones en las que usted termina siendo el héroe.

«Porque no nos predicamos a nosotros mismos, sino a Jesucristo como Señor».

2 CORINTIOS 4:5

Está bien hablar de las experiencias de su propia vida como ilustraciones —y le recomiendo que lo haga— pero tenga cuidado de no compartir historias de modo que terminen sonando como que usted es el héroe del relato. El salmista dijo:

> No a nosotros, oh Jehová, no a nosotros, sino a *tu nombre* da gloria, por tu misericordia, por tu verdad (Sal. 115:1).

Queremos que los oyentes glorifiquen al Señor, no a nosotros. No queremos que el pueblo salga de nuestra enseñanza pensando: «¡Cuán grande es el pastor o el líder del estudio bíblico! ¡Qué asombroso es que él fuera a rescatar a esa persona o a comprar comida para esa pobre familia!».

Tocar la trompeta era la práctica de los fariseos (Mt. 6:2). Esto no debería estar sucediendo hoy en los púlpitos. Salomón exhortó: «Alábete el extraño, y no tu propia boca; el ajeno, y no los labios tuyos» (Pr. 27:2). Si algo bueno viene de alguna experiencia en la que participó, y se siente impulsado a darlo a conocer a su congregación, asegúrese de darle el mérito al Señor (Is. 10:15; Gá. 6:14).

La meta de nuestra predicación es dirigir la atención de las personas hacia Cristo Jesús. Pablo dijo: «Porque no nos predicamos a nosotros mismos, sino a Jesucristo como Señor, y a nosotros como vuestros siervos por amor de Jesús» (2 Co. 4:5). Así, pues, exalte a Jesús y evite las ilustraciones en las que usted aparece como el héroe.

38. Utilice ilustraciones bíblicas siempre que sea posible.

«Porque las cosas que se escribieron antes, para nuestra enseñanza se escribieron».

ROMANOS 15:4

Aunque ya he mencionado varias fuentes de ilustraciones para sermones, realmente quiero animarlo aquí a que procure utilizar ilustraciones *bíblicas* —material ilustrativo que viene directamente de la Biblia— siempre que usted crea que una ilustración le sería útil.

Por ejemplo, supongamos que usted está enseñando Efesios 5, donde estudiará esta amonestación de Pablo: «no os embriaguéis con vino»

(5:18). En vez de andar buscando en el periódico un relato que ilustre los peligros de beber en exceso, ¿por qué no hablar de Noé en Génesis 9 o de Nabal y su necio comportamiento en 1 Samuel 25?

Las ilustraciones bíblicas hacen más que ilustrar; enseñan la Palabra, pues *son* la Palabra (2 Ti 3:16). La Biblia nos dice que «estas cosas les acontecieron como ejemplo, y están escritas para *amonestarnos a nosotros*» (1 Co. 10:11).

Hablar de Noé o Nabal en una ilustración ayudará a ampliar los conocimientos que una persona tenga de la Biblia. ¿Cuántos cristianos hoy están realmente familiarizados con quién era Nabal? Tal vez lo estarían si utilizáramos ilustraciones bíblicas más a menudo. Lo animo a hacerlo. Para ayudarlo a encontrar rápidamente ilustraciones bíblicas, le recomiendo los siguientes libros (disponibles solo en inglés):

- *Nave's Topical Bible*
- *10,000 Illustrations from the Bible*
- *The Handbook of Bible Application*
- *Treasury of Scripture Knowledge*

Las Biblias de estudio, los comentarios bíblicos y las concordancias temáticas también pueden ayudar bastante.

LA PREPARACIÓN DE LA APLICACIÓN

39. Exhorte a los que enseña a que apliquen la Palabra a su propia situación y a que actúen.

«La predicación debe tener como meta no solo impartir la verdad, sino lograr la transformación de la vida».[64]

STEPHEN OLFORD

Como maestros, es importante dejar bien claro a nuestros oyentes lo que la Palabra de Dios *dice* (observación) y explicarles lo que *significa* (interpretación). Pero nunca debemos terminar ahí. La meta de la observación y la interpretación es la *aplicación*. Santiago exhortó: «Pero sed *hacedores* de la palabra, y no tan solamente oidores, engañándoos a vosotros mismos» (Stg. 1:22). Dios desea que nosotros, y aquellos a quienes enseñamos, vivamos su Palabra.

---

[64] Stephen y David Olford, *Anointed Expository Preaching* [*Guía de predicación expositiva*] (Nashville, Tenn.: Broadman & Holman Publishers, 1998), p. 71. Publicado en español por Broadman & Holman.

Dwight Moody acertadamente reconoció que «Dios no nos ha dado las Escrituras para aumentar nuestro conocimiento, sino para cambiar nuestra vida».[65] El Señor le dijo a Josué:

> Nunca se apartará de tu boca este libro de la ley, sino que de día y de noche meditarás en él, para que guardes y *hagas* conforme a todo lo que en él está escrito; porque *entonces* harás prosperar tu camino, *y* todo te saldrá bien (Jos. 1:8).

El éxito para Josué se relacionaba íntimamente con que él obedeciera lo que Dios quería que hiciera. Y lo mismo es cierto para los cristianos de hoy. Jesús advirtió: «Si sabéis estas cosas, bienaventurados seréis si las *hiciereis*» (Jn. 13:17). Así, pues, cuando usted prepare su mensaje, asegúrese de señalar en sus notas los lugares donde va a animar a sus oyentes a que apliquen la Palabra de Dios a su propia situación y a que actúen en consecuencia.

Ahora bien, descubrir cómo en realidad se aplica un pasaje de las Escrituras a su vida y a la de aquellos a quienes enseña no resulta siempre fácil. Le comparto algunas preguntas que debe formularse mientras estudia y prepara sus sermones, que lo ayudarán a obtener posibles aplicaciones.

- ¿Se incluyen aquí mandamientos para obedecer?
- ¿Se observan ejemplos que conviene seguir?
- ¿Se indican errores o piedras de tropiezo que debemos evitar?
- ¿Se señalan pecados que debemos abandonar?
- ¿Se exponen promesas que podemos reclamar?
- ¿Se enseñan principios para vivir?
- ¿Qué me enseña este pasaje acerca de Dios o de Jesús?[66]

Sopesar las respuestas a estas preguntas lo ayudará a descubrir algunas de las posibles aplicaciones y cómo podría animar a sus oyentes a actuar.

---

[65] Citado por Earl D. Radmacher (ed.), *Celebrating the Word* (Portland, Or.: Multnomah Press, 1987), p. 47.

[66] Adaptado de Richard Mayhue, *How to Interpret the Bible for Yourself* [*Cómo interpretar la Biblia uno mismo*] (Chicago: Moody Press, 1986), p. 64. Publicado en español por Editorial Portavoz.

40. Evite guardar siempre la aplicación para el final del mensaje.

«Maestro bueno, ¿qué bien haré para tener la vida eterna?».

MATEO 19:16

Algunos maestros tienen la costumbre de guardar la aplicación (la exhortación a actuar) para el final de sus sermones. Un bosquejo del sermón utilizado muy a menudo suele verse así:

- Introducción
- Lectura
- Explicación
- Ilustración
- Aplicación

Yo mismo he seguido ese formato y todavía lo utilizo a veces, pero lo animo a no sentirse condicionado por él. Lo digo sobre todo por aquellos que enseñan o enseñarán versículo por versículo a través de secciones extensas de las Escrituras, en las que el autor aborda diversos temas. El formato anterior tiende a funcionar mejor si usted enseña un mensaje temático o abarca una pequeña sección de las Escrituras.

Una de las razones por las que no soy muy fanático de este formato es porque no me gusta retener las exhortaciones a actuar hasta el final del mensaje. Cuando leo el Sermón del Monte (Mt. 5—7), veo a Jesús exhortando a los oyentes a actuar cada pocos versículos:

- «Gozaos y alegraos» (5:12).
- «Así alumbre vuestra luz» (5:16).
- «Deja allí tu ofrenda delante del altar» (5:24).
- «Ponte de acuerdo con tu adversario» (5:25).
- «Sácalo, y échalo de ti» (5:29).
- «No juréis en ninguna manera» (5:34).
- «Pero sea vuestro hablar: "Sí, sí"» (5:37).

Estos son solo algunos ejemplos. Si el maestro más grande que jamás haya vivido aprovechó momentos oportunos a lo largo de sus sermones para exhortar a actuar, nosotros haremos bien en seguir sus pasos.

41. Incluya regularmente instrucción, recordatorios y exhortación sobre el Espíritu Santo.

«No con ejército, ni con fuerza, sino con mi Espíritu, ha dicho Jehová de los ejércitos».

ZACARÍAS 4:6

El cristianismo, como ya he señalado, no es solo un conjunto de enseñanzas que hay que entender y creer, es una vida que puede ser vivida de tal manera que a la vez agrada a Dios y lo glorifica. Pero esa vida solo se puede *vivir* de esta manera: como seguidores de Cristo que caminan en el poder del Espíritu Santo, entregándose a Él y dejando que Él obre en su vida. Algunos cristianos —mejor dicho, *muchos* cristianos (en especial los nuevos creyentes)— no se percatan de esto.

Se dieron cuenta de que eran pecadores y necesitaban el perdón de Dios. Escucharon el evangelio y confiaron en el Señor Jesús para su salvación. Nacieron de nuevo y comenzaron a asistir a una congregación con otros creyentes. Escucharon sermones que los exhortaban a ser santos, pacientes y amables, a regocijarse en el Señor y a servirlo, a perdonar a sus enemigos, a dar a conocer el evangelio a otros, y así sucesivamente. Deseosos de progresar en su nueva aventura, empezaron a obedecer y a lograr todo lo que se les decía que hicieran. Lamentablemente, muchos de estos nuevos creyentes (que desconocen el papel del Espíritu en su vida) se dispusieron a seguir las enseñanzas de Jesús pero...

- Confiando en su propia fuerza de voluntad y habilidad
- Avanzando con base en su propia energía y fortaleza
- Apoyándose en su propia inteligencia
- Viendo las instrucciones de Dios por medio de lentes y experiencias anteriores a su salvación

- Empleando las técnicas del pasado aprendidas en el mundo
- Practicando anteriores disciplinas religiosas no cristianas
- Erigiendo restricciones legalistas no bíblicas para ayudarse en su deseo de obedecer

Mientras ellos seguían uno o más de los enfoques mencionados, parecían crecer y ser espiritualmente saludables (acudían a las actividades de la iglesia dos veces por semana o más). Pero en poco tiempo, a lo largo del camino de la vida, la determinación de seguir a Jesús de muchas de estas personas se marchitó y murió cuando el cansancio hizo mella o no fueron capaces de resistir los violentos vientos de la persecución, las pruebas y las tentaciones.

Abrumados por la derrota, la fatiga, y así sucesivamente, llegaron a la conclusión de que una vida cristiana victoriosa y fructífera era imposible de vivir. Así que se dieron por vencidos, tiraron la toalla y se apartaron del camino del discipulado.[67]

Infinidad de veces he visto cómo sucede eso y, probablemente, usted también.

Ahora bien, estos creyentes quemados llegaron en parte a la conclusión correcta. La vida cristiana *es* imposible de vivir si usted intenta vivirla por su cuenta, empleando los métodos arriba mencionados. Pero la vida cristiana *sí es* posible vivirla *si* usted se entrega diariamente a Dios y camina en el poder del Espíritu Santo. Cuando un creyente está «lleno del Espíritu» (Ef. 5:18), experimentará la obra del Espíritu, que...

- Nos dirige en el camino de la rectitud (Ez. 36:27)
- Nos libera del pecado (Gá. 5:16)
- Produce en nosotros amor, gozo, paz, paciencia, amabilidad, bondad, fidelidad, mansedumbre, dominio propio (Gá. 5:22-23)
- Nos fortalece (Ef. 3:16; Col. 1:11)
- Nos consuela (Hch. 9:31)
- Nos da esperanza (Ro. 15:13)
- Nos imparte el amor de Dios (Ro. 5:3-5)
- Nos enseña (Jn. 14:26)

---

[67] No estoy sugiriendo que ellos renunciaron a Cristo o perdieron su salvación, sino que se apartaron de la comunión y dejaron de progresar en su madurez espiritual.

- Nos recuerda las palabras de Cristo (Jn. 14:26)
- Nos guía (Jn. 16:13)
- Nos da entendimiento (1 Co. 2:12-13)
- Nos ayuda en la oración (Ro. 8:26-27; Jud. 20)
- Nos libera de Satanás (Ef. 6:10-11, 17-18)
- Nos capacita para dar testimonio a otros (Hch. 1:8; 1 Co. 2:4)
- Nos da valor (2 Ti. 1:7)
- Nos hace semejantes a Cristo (2 Co. 3:17-18)

Cuando los creyentes no entienden algunas de estas verdades básicas sobre el Espíritu Santo, ven obstaculizado su caminar con el Señor. Los cristianos no pueden experimentar la plenitud del fruto del Espíritu, o la obra completa del Espíritu, sin una rendición diaria a su influencia en sus vidas. Estoy de acuerdo con Spurgeon en que:

> Existen muchas cosas deseables para la iglesia de Cristo, pero una es absolutamente necesaria; y esa única cosa es el poder del Espíritu Santo en medio de su pueblo[68]... Sin el Espíritu de Dios nada podemos hacer. Somos como barcos sin viento o carros sin caballos. Como ramas sin savia, nos marchitamos. Como carbones sin fuego, somos ineficaces.[69]

Tristemente, sin embargo, muchas iglesias y predicadores descuidan hablar de Él. Esto es sorprendente si tomamos en cuenta la importancia de la obra del Espíritu en nuestra vida y la frecuencia con que se habla del Espíritu Santo en el Nuevo Testamento, pues solo el libro de Hechos menciona al Espíritu Santo unas sesenta veces.[70] ¿Podría ser esa la causa por la que muchas iglesias están decayendo: disminuyendo en tamaño, influencia y fecundidad? ¿No habremos dejado a un lado al Espíritu Santo? ¿Tenía Spurgeon razón cuando dijo: «Si no honramos al Espí-

---

[68] Charles Spurgeon, «Los convertidos y su confesión de fe», un sermón predicado el 4 de septiembre, no da el año.

[69] Charles Spurgeon, «A Revival Promise» citado por Warren Wiersbe en *Classic Sermons on Revival and Spiritual Renewal* (Grand Rapids, MI: Kregel Publications, 1995), p. 46.

[70] Robert Gromacki, «The Holy Spirit: Who He Is, What He Does», citado por Charles Swindoll y Roy Zuck en *Understanding Christian Theology* (Nashville, Tenn.: Thomas Nelson Publishers, 2003), p. 478.

ritu Santo, no podemos esperar que Él trabaje con nosotros. Él estará entristecido, y entonces nos daremos cuenta de nuestra impotencia»?[71] El popular libro de Francis Chan sobre el Espíritu Santo, escrito hace unos años, se titula «El Dios olvidado». ¿Es apropiado ese título? Me temo que sí.

Mis queridos colegas predicadores, ¿qué debemos hacer?

Primero, decida firmemente que usted no lo olvidará. Familiarícese con lo que la Biblia afirma acerca de Él. Lea los versículos en la lista de las Escrituras mencionadas arriba y medite en ellas. Lea un libro serio dedicado a la persona y obra del Espíritu Santo. Usted puede pensar que está bien familiarizado con Él, pero quizá, si lee uno o más de los libros relacionados a continuación, quede sorprendido por lo mucho que pudo haber olvidado:

- *The Person and Work of the Holy Spirit*, por R. A. Torrey (Zondervan, disponible solo en inglés)
- *Living Water*, por Chuck Smith (Harvest House Publishers, disponible solo en inglés)
- *El Dios olvidado*, por Francis Chan (Casa Creación)
- *El Espíritu Santo*, por Charles C. Ryrie (Editorial Portavoz)
- *The Holy Spirit*, por John Walvoord (Zondervan, disponible solo en inglés)
- *Mystery of the Holy Spirit*, por A. W. Tozer (Bridge-Logos, disponible solo en inglés)

Segundo, hable regularmente en sus enseñanzas sobre el Espíritu Santo y lo que Él puede y desea hacer. Considere la posibilidad de preparar una serie temática de enseñanzas sobre la persona y obra del Espíritu Santo para el beneficio de la iglesia que pastorea. Piense en enseñar el libro de los Hechos. No conozco una mejor manera de ver personas entusiasmadas por caminar en el poder del Espíritu que mediante la enseñanza de ese libro. Asegúrese de no descuidar ni olvidar en sus enseñanzas al Espíritu Santo en todo lo que Dios lo guíe a hacer.

---

[71] Spurgeon, citado por Wiersbe, en *Classic Sermons on Revival*, p. 46.

LA PREPARACIÓN DE LA CONCLUSIÓN

42. Termine su enseñanza con una poderosa conclusión.

«La apelación final debe prepararse con gran cuidado. Lo último que se diga perdurará más tiempo... Que sea dicha como por alguien que suplica por las almas de los hombres».[72]

F. B. Meyer

Mientras prepara un sermón, nunca pase por alto cuán importante es preparar una conclusión convincente. Así como un atleta tiene que estar en su mejor momento al final de una carrera o de un juego, el predicador debe esforzarse por dar lo mejor que puede y tiene en los últimos minutos.[73] Existen varios propósitos para una buena conclusión:

---

[72] F. B. Meyer, *Jottings and Hints for Lay Preachers* (Londres: A. Melrose, 1903), p. 55.

[73] John MacArthur, Jr., *Rediscovering Expository Preaching* [*El redescubrimiento de la predicación expositiva*] (Nashville, Tennessee: Word Publishing Group, 1992), p. 252. Publicado en español por Editorial Caribe.

- Repasar o resumir el contenido de su mensaje
- Explicar la aplicación del sermón
- Exhortar (o retar) a los oyentes a obedecer la enseñanza del sermón
- Llamar a hacer algún tipo de decisión que marque el comienzo de la obediencia
- Alentar, consolar o, en alguna manera, edificar a la congregación con el mensaje[74]

Usted puede elegir un par o todas estas sugerencias para su conclusión. Sin importar cómo decida concluir, hágalo con fervor y entusiasmo. G. Campbell Morgan, el gran predicador del pasado, señala que:

> En la elaborada parte doctrinal de su sermón, el gran predicador Jonathan Edwards solo estaba colocando sus armas en posición… en las aplicaciones [conclusiones] abría fuego contra el enemigo. Me temo que muchos de nosotros dedicamos tanto tiempo a conseguir ubicar nuestras armas en posición que tenemos que finalizar sin disparar un tiro. Pensamos que estamos dejando que la verdad haga por sí misma su propio trabajo. Confiamos en que los corazones y las conciencias de nuestros oyentes la apliquen… este es un error grande y fatal… Un discurso que no descarga ninguna apelación o demanda espiritual o moral no es un sermón.[75]

Estoy de acuerdo con Morgan. Terminar una enseñanza anunciando: «Seguiremos la próxima semana con el versículo 24» o «Confío en que el Espíritu Santo les mostrará cómo aplicar estas enseñanzas a su vida» no inspira para nada a los oyentes.

Incluyo aquí siete sugerencias útiles para ayudarlo a evitar una conclusión débil:

A. No añada nuevo material en la conclusión.

---

[74] Ibíd.

[75] G. Campbell Morgan, *Preaching* [*El ministerio de la predicación*] (New York: Fleming H. Revell Company, 1937), pp. 138-139. Publicado en español por Clie.

B. Haga su conclusión clara y específica.

C. Deje que la conclusión refleje las demandas del pasaje que acaba de predicar.

D. Sea directo y breve (no más de cinco minutos, como regla general).

Si usted valora su reputación como persona veraz, no anuncie: «Y ahora, en conclusión» o «Por último», para luego seguir por otros seis minutos antes de avisar: «Y otra cosa», y finalmente añadir: «Y ahora, antes de marcharnos». Eso desalienta por completo a los oyentes. Cumpla su promesa.

E. Cuando usted empiece la conclusión, evite volver de nuevo al mensaje, *¡concluya!*

F. Responda a la pregunta «¿Qué debo hacer?».

Habrá personas que estarán escuchándolo que necesitan cambiar de dirección o de forma de pensar. Anímelos a hacerlo.

G. Procure concluir con algo para los creyentes y los no creyentes.[76]

---

[76] Estos puntos se tomaron sobre todo de John MacArthur, Jr., *Rediscovering Expository Preaching* [*El redescubrimiento de la predicación expositiva*] (Nashville, Tennessee: Word Publishing Group, 1992), p. 253. Publicado en español por Editorial Caribe.

EL DESCANSO DEL PREDICADOR

43. Duerma bien la noche antes de enseñar.

«Dios concede el sueño a sus amados».

SALMO 127:2 NVI

Más de un maestro de la Palabra de Dios se ha visto a sí mismo estudiando hasta tarde en la noche y preparándose para un sermón. Y surgen situaciones en que las necesidades de la familia, las demandas del ministerio y otras exigencias terminan imponiendo ese horario.

A finales de la década de 1990, yo era el pastor del ministerio universitario en la Iglesia Calvary Chapel, en Vista, California. Como sucede a menudo con los pastores asistentes, me encontraba sepultado bajo las responsabilidades del ministerio. Además de liderar el grupo de la universidad, estaba de guardia para atender necesidades de consejería. También era director y profesor en nuestra Escuela de Ministerio y pastor de las parejas jóvenes. Asimismo era el encargado del sonido para las actividades de la iglesia y de la escuela, el artista gráfico y el conserje de la escuela de primaria todos los miércoles.

Con todo eso en mis manos, me parecía imposible preparar el estudio para la reunión de los universitarios del domingo por la mañana hasta el sábado, que era mi día libre. Esto requería que fuera con regularidad a mi oficina en el edificio de la iglesia (donde tenía mi biblioteca y única computadora personal), y me quedara allí hasta las 2:00 o 3:00 de la madrugada del domingo, estudiando para la enseñanza de esa mañana.

Mi buen amigo Scott Cunningham, pastor de la escuela secundaria en ese tiempo, se encontraba en la misma situación. Así que nos veíamos en el templo todos los sábados por la tarde para estudiar. Alrededor de la medianoche, todos los sábados, cuando literalmente nos caíamos de cansancio y teníamos la sensación de que ya no podíamos seguir, nos tomábamos un breve descanso y caminábamos hasta una cafetería cercana para tomar una taza de café. En el camino a lo que deseábamos fuera un Starbucks, hablábamos sobre el progreso de los preparativos y nos consolábamos uno al otro recordando que el ministerio de Pablo involucró «muchos desvelos» (2 Co. 11:27). Al regresar al templo, trabajábamos dos o tres horas más escribiendo nuestras notas hasta que ya no podíamos más. A pesar de que las notas del sermón apenas se acercaban a lo que nosotros queríamos que fueran, estábamos de acuerdo en que tendrían que bastar, así que cerrábamos las puertas y nos dirigíamos a nuestros hogares.

Después de dormir dos o tres horas, regresaba para abrir el edificio de la iglesia a las 6:00 de la mañana, montar el escenario para el equipo de adoración —recuerde que yo era el hombre del sonido— y hacer una prueba de sonido, mientras leía frenéticamente mis notas. Cuando marcaban alrededor de las 9:15, entregaba la responsabilidad del sonido, me iba a tropezones a la clase de universitarios y hacía mi mejor esfuerzo por abrir mi Biblia y compartir mis descubrimientos nocturnos con los hombres y mujeres de ojos brillantes, ¡que pensaban que quedarse en un restaurante hasta las 11:00 de la noche del sábado era trasnochar!

Les digo todo esto para asegurarles que me puedo identificar con aquellos que se ven presionados a preparar el sermón ya tarde en la noche anterior a su predicación. Pero, amigos, y creo que en esto estarán de acuerdo conmigo, pararse ante el pueblo de Dios con los párpados caídos y con dificultades para hablar no es la forma ideal de predicar un sermón. Dios en su gracia me ayudó a superar el cansancio y predicar muchos sermones durante aquellos años en que seguí esa costumbre; pero rara vez me hallaba en mi mejor momento sin haber gozado una buena noche de sueño. Y creo que eso es cierto para la mayoría de los predicadores.

De manera que, si es posible, lo animo a establecer bien las prioridades de su horario general y tiempo de estudio a fin de que regularmente termine de preparar sus sermones suficientemente temprano en la semana, como para conseguir un buen descanso la noche antes de predicar.

Si usted ocupa una posición en la que delega responsabilidades en el ministerio a otros siervos y maestros, asegúrese de que les da suficiente tiempo para estudiar y prepararse adecuadamente para sus sermones. Ellos no deberían tener que descuidar a sus familias cada semana en su día libre para estudiar y prepararse para la enseñanza.

LA PREDICACIÓN DEL SERMÓN

44. Sea consciente de que predica delante de Dios.

«El que formó el ojo, ¿no verá?».

SALMO 94:9

Una de las verdades que me han motivado muchísimo en mis esfuerzos por usar la Palabra de Dios como corresponde y predicarla con excelencia se halla en algo que Pablo dijo a los corintios: «Pues no somos como muchos, que medran falsificando la palabra de Dios, sino que con sinceridad, como de parte de Dios, y *delante de Dios*, hablamos en Cristo» (2 Co. 2:17).

Pablo sabía muy bien que todo lo que decía y enseñaba a otros lo llevaba a cabo delante de Dios. La Biblia advierte: «No hay cosa creada que no sea manifiesta en su presencia; antes bien todas las cosas están desnudas y abiertas a los ojos de aquel a quien tenemos que dar cuenta» (He. 4:13). Esto debe motivar a todos los que enseñan la Palabra de Dios a exponerla con sumo cuidado y fidelidad.

No se trata solo de que todo lo que usted hable suceda ante los ojos de Dios, sino que un día se parará delante de Él para que su vida y ministerio sean evaluados.

> Porque es necesario que todos nosotros comparezcamos ante el tribunal de Cristo, para que cada uno reciba según lo que haya hecho mientras estaba en el cuerpo, sea bueno o sea malo (2 Co. 5:10).

Para los no salvos, será un juicio de *condenación*. Para los creyentes, será un juicio de *evaluación* donde...

> La obra de cada uno se hará manifiesta; porque el día la declarará, pues por el fuego será revelada; y la obra de cada uno cuál sea, el fuego la probará. Si permaneciere la obra de alguno que sobreedificó, recibirá recompensa. Si la obra de alguno se quemare, él sufrirá pérdida, si bien él mismo será salvo, aunque así como por fuego (1 Co. 3:13-15).

Piense en eso. Un día, su obra, su ministerio, su predicación van a ser evaluados por el Señor. Quiera el Señor que esa realidad lo impulse a usar la Palabra de Dios con reverencia y a predicar su verdad con gran cuidado.

45. Predique para que Dios sea glorificado.

«Hacedlo todo para la gloria de Dios».

1 CORINTIOS 10:31

Pedro escribió en su primera epístola:

> Cada uno según el don que ha recibido, minístrelo a los otros, como buenos administradores de la multiforme gracia de Dios. Si alguno habla, hable conforme a las palabras de Dios; si alguno ministra, ministre conforme al poder que Dios da, para que en todo sea *Dios* glorificado por Jesucristo, a quien pertenecen la gloria y el imperio por los siglos de los siglos. Amén (1 P. 4:10-11).

Esta debe ser una de nuestras metas supremas cuando predicamos: predicar para la gloria de *Dios*. Damos gloria a Dios cuando predicamos ya que guiamos a otros a adorarlo cuando elevamos pensamientos reverentes y apropiados acerca de Él y su Palabra.[77]

Y puesto que la meta es procurar que *Dios* reciba la gloria en y por medio de nuestra predicación, nunca se hallará ocasión para jactarnos o ensalzarnos a nosotros mismos en el púlpito (Jer. 9:23-24). El predicador debe recordar que todo —su elocuencia, razón, voz, imaginación, buena salud, todas sus aptitudes y su vida entera— es por completo el regalo y la creación de Dios. Esto sin mencionar para nada el terreno sobre el cual está construido el templo, la madera del púlpito, etc. Todas estas cosas fueron creadas por medio de Él y *para* Él (Col. 1:16). ¿Dónde queda lugar para la jactancia, para llamar la atención sobre nosotros mismos o privarle a Dios de la gloria que solo a Él le pertenece? No lo hay. Jesús advirtió: «separados de mí nada podéis hacer» (Jn. 15:5).

Sabiendo esto, Pablo anheló: «Pero lejos esté de mí gloriarme, sino en la cruz de nuestro Señor Jesucristo, por quien el mundo me es crucificado a mí, y yo al mundo» (Gá. 6:14). En su carta a los Efesios y en otros lugares Pablo incluso se degrada a sí mismo: «A mí, que soy menos que el más *pequeño* de todos los santos, me fue dada esta gracia de anunciar entre los gentiles el evangelio de las inescrutables riquezas de Cristo» (Ef. 3:8). La humildad debe marcar la vida de todo discípulo de Cristo; ¡cuánto más a los que enseñan la Palabra de Dios!

Al recordar un momento en que estaba a punto de enseñar, John Jowett, el hombre que continuó con el ministerio de G. Campbell Morgan en la Capilla de Westminster, contó que alguien oró por él: «¡Oh Señor, te damos gracias por nuestro hermano! Ahora anúlalo por completo. Revela tu gloria a nosotros con tan grande esplendor que él sea olvidado».[78]

¡Qué gran oración! Quiera el Señor que más personas salgan de nuestros sermones olvidándose de nosotros, porque sus corazones y mentes han quedado llenos de alabanza, de pensamientos elevados y reverentes acerca de nuestro glorioso Dios.

---

[77] Véase Albert Barnes, *Barnes' Notes on the Bible* (Grand Rapids, Mich.: Kregel Publications, 1962), 1 Corintios 10:31.

[78] John Henry Jowett, *The Preacher, His Life and Work* (Londres: Hodder & Stoughton, 1912), p. 151.

46. Procure que cuando suba al púlpito sus comentarios de entrada sean breves.

«Los comentarios generales acerca del tiempo, de la congregación, la música, los invitados especiales, e incluso los anuncios... ¡Por el amor de Dios, empiece a predicar!».[79]

WARREN WIERSBE

Cuando se acerque al púlpito para enseñar, lo animo a que no se enrede en cuestiones periféricas. Vaya directamente, lo más rápido que pueda, a la enseñanza. Warren Wiersbe, veterano y amado predicador, explica:

> Un predicador es como un hombre que oye un grito pidiendo auxilio y abandona todo para correr al rescate... sin embargo, cuando el predicador dedica cinco o diez minutos a comentarios antes de comenzar su sermón, es como el hombre que hace una pausa para visitar una galería de arte antes de sumergirse en el océano para salvar al nadador que se ahoga.[80]

Según Wiersbe, algunas de las cosas principales en las que los predicadores se enredan y desperdician su tiempo, son:

A. Los comentarios generales acerca del tiempo, la congregación, la música, los invitados especiales e incluso los anuncios

Wiersbe exhorta: «Si se siente obligado a hablar de esas cosas secundarias, coméntelas antes de pararse para predicar. Pero tenga en cuenta que cada minuto que desperdicia al comienzo del culto reducirá el tiempo que tiene para la predicación».[81]

---

[79] Warren Wiersbe y David Wiersbe, *The Elements of Preaching* (Wheaton, Ill.: Tyndale House Publishers, 1986), pp. 75-76.
[80] Ibíd., p. 75.
[81] Ibíd., p. 76.

B. Comentarios acerca del sermón

Wiersbe comenta: «Pareciera que algunos predicadores no entienden que no queremos oír hablar *del* sermón; queremos escuchar *el* sermón... En más de una ocasión, nos hemos encontrado reprimiendo el fuerte deseo de gritar: «¡Por el amor de Dios, comience a predicar! Señor reverendo, ¿a dónde quiere usted llegar?».[82]

47. Evite, cuando empiece su enseñanza, sentir la necesidad de repasar siempre su mensaje anterior.

«Ustedes recordarán que la semana pasada...».

El predicador

Repasar lo que ya se estudió anteriormente puede ser útil para sus oyentes, pero si lo hace todas las semanas, o si se extiende demasiado en ese repaso, la gente se va a desconectar. Warren Wiersbe dice:

> Ahí está sentado un hombre con un corazón quebrantado y una vida llena de problemas. Llegó al templo con la esperanza de recibir alguna ayuda de la Palabra de Dios. El coro ha cantado y el himno lo ayudó a prepararse para el mensaje. El predicador abre la boca y comenta: «Ustedes recordarán que la semana pasada —o fue hace dos semanas— estudiamos los primeros seis versículos de este capítulo». De inmediato nuestro visitante necesitado piensa: «Bueno, yo debería haber venido la semana pasada... pero tal vez todavía hay esperanza». En vez de centrarse en el mensaje de hoy, el predicador trata de resumir tres semanas de predicación; y para ese momento, nuestro amigo ya no está escuchando nada.[83]

Si usted va a repasar el material anterior, sea conciso. Usted podría decir algo como: «En el estudio de la semana pasada nos fijamos en

[82] Ibíd., pp. 75-76.
[83] Ibíd., p. 76.

los hechos que rodearon la resurrección de Jesús. En el estudio de hoy vamos a considerar los acontecimientos que siguieron a la resurrección». Si los oyentes quieren obtener un resumen punto por punto de una enseñanza anterior, pueden ir al sitio web de la iglesia y escuchar el mensaje allí o imprimir el sermón, u obtener una grabación en disco compacto.

48. Predique la Palabra con confianza y autoridad.

«Así que, teniendo tal esperanza,
usamos de mucha franqueza».
2 Corintios 3:12

La Biblia es la Palabra autorizada de Dios para el hombre. Ya que eso es cierto, proclámela con confianza —no con confianza *en sí mismo*—, pero con la confianza de que, como proclama la Palabra de Dios, el Rey está hablando. Charles Spurgeon comentó:

> Recuerdo a un joven predicador que se paró tras el púlpito para hablarle a una congregación, y comenzó diciendo que esperaba que perdonaran su juventud y su impertinencia de atreverse a hablarles a ellos. Un anciano e insensato caballero comentó: «¡Qué gran humildad la de ese joven al hablar de esa manera!». Pero otro añadió: «¡Qué deshonra para su Señor y Maestro! Si Dios lo envió con un mensaje para hablar a esta audiencia, ¿qué importa si es joven o viejo? Esa falsa modestia está fuera de lugar en el púlpito». Creo que el segundo hombre tenía razón. Un verdadero ministro del evangelio es un embajador de Cristo, y ¿nuestros embajadores van a las cortes internacionales con disculpas o llevando un mensaje de parte de su soberano?[84]

Spurgeon tiene razón. Los embajadores de nuestro país no van a pedir perdón a menos que su rey o país haya hecho algo malo. Nuestro Rey

[84] Charles Spurgeon, «Prediquemos a Cristo crucificado», sermón predicado el 23 de agosto de 1863.

celestial no ha hecho nada malo. Nunca. Por tanto, no hay necesidad de pedir disculpas en el púlpito. Pablo afirmó: «Así que, somos embajadores en nombre de Cristo, como si *Dios* rogase por medio de nosotros» (2 Co. 5:20). Cuando usted proclama la Palabra de Dios, es como si Dios hablara por medio de usted. Dado que este es el caso, un heraldo del Rey no debería decir cosas como:

- «No me gusta decir esto, pero ____________ es pecado».
- «Si las palabras de Jesús lo ofenden, lo siento mucho».
- «Yo no dije eso; ¡Dios lo dijo!».[85]

El heraldo de la Palabra de Dios debe declarar lo que Dios tiene que decir sin temor ni vergüenza, con autoridad y convicción.

En su segunda epístola a Timoteo, Pablo lo exhortó: «Que *prediques* la Palabra» (2 Ti. 4:2). Kenneth Wuest, reconocido erudito del griego, explica que, aquí, la palabra *predicar*...

> se refería al heraldo imperial, al portavoz de César Augusto, que al entrar en una ciudad como representante del emperador hacía una proclamación pública del mensaje del emperador con tanta formalidad, solemnidad y autoridad que debían escucharlo y obedecerlo. Por tanto, una traducción parafraseada de la exhortación de Pablo [en 2 Ti. 4:2] es: «Haz una proclamación pública de la Palabra con tanta formalidad, solemnidad y autoridad que los oyentes sientan que deben escuchar y obedecer».[86]

Cuando usted se pone de pie para enseñar las Escrituras, es un mensajero —no del César, sino del Rey de los Césares— del Rey de reyes. Si usted ha interpretado el pasaje cuidadosamente, entonces puede hablar con autoridad y con valentía, porque el mensaje no es *suyo*. ¡Es del Rey! Y no solo *puede* hablar de esta manera, sino que *debe* hacerlo. Pablo le ordenó a Tito, y a nosotros por implicación: «Esto habla, y exhorta y reprende con toda *autoridad*... En estas cosas quiero que insistas *con firmeza*» (Tit. 2:15; 3:8). Esto no significa gritar o sacudir el puño. Bryan Chapell señala que:

---

[85] ...con un tono de avergonzarse de que Él lo hiciera.

[86] Kenneth Wuest, *The New Testament: An Expanded Translation* (Grand Rapids, Mich.: Eerdmans, 1973), p. ix.

> Un pastor que cree y confía en la verdad de la Biblia es capaz de predicar con gran *ímpetu* o con gran *delicadeza* y todavía hablar con autoridad... La autoridad de la Palabra nos permite decir las cosas más difíciles a cualquier persona sin pedir disculpas, pero esa misma autoridad nos permite hablar con ternura y sin comprometer el poder.[87]

Autoridad fue una de las cosas que impresionaron a los que oyeron a Jesús enseñar. Mateo nos relata: «Y cuando terminó Jesús estas palabras [el Sermón del Monte], la gente se admiraba de su doctrina, porque les enseñaba como quien tiene *autoridad*, y no como los escribas» (Mt. 7:28-29). Los escribas siempre estaban citando las opiniones de los rabinos.[88] Cuán frustrante debió haber sido para el pueblo escucharlos enseñar. Me imagino que algunos de sus oyentes querían ponerse en pie y exigir: «¿Qué tiene *Dios* que decir sobre el asunto?». Jesús se acercó y enseñó a su audiencia: «*Así es el reino de Dios...*» (p. ej., Mr. 4:26; 10:14, 23-24). La gente se admiraba por eso.

Así, pues, estudie el pasaje diligentemente, interprételo correctamente, ore pidiendo audacia (Hch. 4:29-31; Ef. 6:19) y luego imite a Jesús. Hable con autoridad. *Predique* la Palabra.

49. Hable directamente a las personas que enseña, no descuide la palabra «usted».

«Debe haber gran franqueza en nuestra predicación. Cada sermón debe contener las palabras de Natán: "Tú eres aquel hombre"».[89]

F. B. Meyer

Recuerdo que al principio, como maestro joven, evitaba hablarles *directamente* a mis oyentes. Yo continuamente decía cosas como:

---

[87] Bryan Chapell, *Christ-Centered Preaching* (Grand Rapids, Mich.: Baker Books, 1994), p. 89, cursivas añadidas.

[88] Véanse los comentarios de John Gill sobre Mateo 7:29 en *John Gill's Exposition of the Bible*. Este comentario está disponible en la Internet en http://www.biblestudytools.com/commentaries/gills-exposition-of-the-bible.

[89] F. B. Meyer, *Jottings and Hints for Lay Preachers* (Londres: A. Melrose, 1903), p. 71.

- «Por ser cristianos, *tenemos* que ser cuidadosos en cómo hablamos a los demás».
- «*Nosotros* necesitamos recordar que Dios nos ama».
- «Los *creyentes* tienen que aceptar...».
- «Algunos de *nosotros* debemos admitir que *somos* culpables».

Yo quería que aquellos que escuchaban entendieran que era consciente de que yo era uno de ellos —no mejor que ellos— y necesitaba la misma enseñanza que ellos estaban recibiendo. Mis intenciones eran buenas, pero ahora creo que no los estaba ayudando mucho. *Hay* momentos para hablar de esta manera e incluso momentos en los que *debemos* hablar de esta forma, pero creo que es mucho mejor que el oyente sienta como si el que habla (usted) se refiere *a él*:

- «La Biblia dice que *usted* debe tener cuidado en la manera en que habla a los demás».
- «Dios lo ama a *usted*».

Si se fija en los mensajes de los predicadores de la Biblia, se sorprenderá al constatar la ausencia de la palabra «nosotros». A lo largo de las Escrituras, cuando uno de los heraldos de Dios se dirigía vocalmente a un grupo de personas, les hablaba de forma muy directa. Los ejemplos abundan. Considere el sermón de Pedro en Hechos 2. El apóstol Pedro, una y otra vez, dijo cosas como:

- «Varones israelitas, *oíd* estas palabras».
- «*Vosotros* mismos *sabéis*...».
- «*Prendisteis* y *matasteis*... crucificándole».

Considere la franqueza y forma directa de Jesús en el Sermón del Monte: «*Vosotros* sois la luz del mundo... *Vuestro* Padre sabe de qué cosas *tenéis* necesidad, antes que *vosotros* le pidáis... Guardaos de los falsos profetas, que vienen a *vosotros* con vestidos de ovejas» (Mt. 5:14; 6:8; 7:15).

Juan el Bautista exhortó: «No *penséis* decir dentro de *vosotros*: A Abraham tenemos por padre» (Mt. 3:9)... contentaos con *vuestro* salario (Lc. 3:14). Los profetas del Antiguo Testamento hablaron de esta manera también. Así que...

En vez de decir:	Hay momentos en que sería mejor decir:
• «**Nosotros** no podemos servir a Dios y al dinero»	• «**Ustedes** no pueden servir a Dios y al dinero».
• «Dios desea que **nosotros** nos regocijemos en el Señor».	• «Dios desea que **ustedes** se regocijen en el Señor».
• «**Algunos de nosotros** estamos luchando contra la ansiedad».	• «Quizá **algunos de ustedes** estén luchando contra la ansiedad».
• «La Biblia dice que **nosotros** debemos huir de la inmoralidad sexual».	• «La Biblia dice que **ustedes** deben huir de la inmoralidad sexual».

Las personas de su congregación necesitan saber que el mensaje tiene algo para ellas *en lo personal*, que Dios tiene algo que decirles a *ellos*. Hábleles de esa manera.

50. Predique con pasión.

«La predicación es teología que viene por medio de un hombre que arde de pasión… Un hombre que puede hablar de estas cosas sin apasionarse no tiene ningún derecho de estar en un púlpito».[90]

MARTYN LLOYD-JONES

Hace mucho tiempo, Charles Spurgeon contó la historia de un hombre que viajaba a pie en la oscuridad de la noche. Se dirigía hacia un puente que se había derrumbado en un río embravecido y desbordado por causa de una tormenta. Alguien intentó detenerlo para que no siguiera, diciéndole que había oído que el puente se había hundido. La voz del

[90] Martyn Lloyd-Jones, *Preaching and Preachers* [*La predicación y los predicadores*] (Londres: Hodder and Stoughton, 1971), p. 97. Publicado en español por Peregrino.

hombre carecía de convicción, por lo que el viajero siguió caminando suponiendo que aquel hombre estaba equivocado. Luego, otro se acercó y le advirtió:

> —¡Señor, ya no hay puente, se ha hundido!
>
> —¡Ya lo sé! —contestó el viajero—. ¡Alguien me contó esa historia hace poco, pero estoy seguro de que es solo un cuento!
>
> —¡Es verdad! —exclamó el otro hombre—. ¡Apenas escapé de que el agua me arrastrara! ¡No siga!
>
> Impulsado por la intensidad de sus sentimientos, agarró al viajero por las manos, por los brazos, por las ropas. El viajero, convencido por la vehemencia de su voz, por el brillo de sus ojos, por la sinceridad de sus gestos, regresó y se salvó. De modo que es solo por medio de un celo ardiente por la salvación de los perdidos —un celo que brilla intensamente en el corazón y en el aspecto y acción del que habla— que la confianza que viene de la incredulidad puede ser superada y los viajeros que van por el camino ancho y no prestan atención pueden ser ganados para el camino de la vida y la felicidad.[91]

Estoy de acuerdo con Spurgeon. Nuestra predicación debe hacerse con fervor, celo y pasión. Esto no significa que marchemos alrededor del púlpito con gestos exagerados y a voz en cuello. Pero sí debemos tratar de ser el tipo de persona que en verdad se entusiasma con las cosas de Dios, tanto así que, cuando enseñamos a los demás, nuestra convicción y pasión saltan a la vista.

En un sermón que predicó en 1856, en la Capilla de New Park Street, en Inglaterra, Spurgeon comentó:

> Si los ministros del evangelio fueran más efusivos en su ministerio de predicación; y si… ellos predicaran la Palabra de Dios, y la predicaran *como si estuvieran suplicando por su propia vida*, entonces, hermanos míos, podríamos esperar un gran éxito; pero no podemos esperarlo mientras hagamos nuestra tarea sin

---

[91] Charles Spurgeon, *Feathers for Arrows: Illustrations for Preachers and Teachers From My Notebook* (New York: Fleming H. Revell, 1870), pp. 267-268.

> entusiasmo, y no tengamos ese celo, ese fervor, ese propósito profundo que caracterizaba a los hombres del pasado.[92]

Si abordamos el púlpito espiritualmente aletargados, nos va a resultar un poco difícil convencer a nuestros oyentes de que lo que decimos es importante o incluso de que valga la pena escuchar. En 1656, el pastor puritano Richard Baxter escribió:

> Cuán pocos ministros predican con todas sus fuerzas, o hablan del gozo eterno o del tormento con convicción. En su lugar, hablamos de manera tan somnolienta o delicada que los pecadores adormilados no pueden oír.[93]

Los pecadores dormidos (y debo añadir algunos santos también) piensan que nuestra falta de convicción —nuestra falta de pasión— se debe a que en realidad no estamos *convencidos* de la veracidad de lo que predicamos. Y si nosotros no lo *estamos*, ¿por qué deben estarlo *ellos*? Spurgeon retó:

> Si usted quiere ganar a las personas para Cristo, sienta un sobresalto intenso por ellas. No logrará que ellas lo sientan si usted mismo no lo siente. Crea en que corren peligro, crea en su impotencia, crea que solo Cristo puede salvarlas, y hable con ellas como si lo hablara en serio. El Espíritu Santo las moverá cuando lo mueva a usted primero. Si usted puede descansar sin que ellas hayan sido salvadas, ellas también descansarán. Pero si usted está lleno de agonía por ellas, si no puede soportar que se pierdan, ellas pronto se darán cuenta de que también se sienten intranquilas. Espero que entre en un estado tal que sueñe que su hijo o su oyente pueden perecer por falta de Cristo, y de inmediato se pondrá en marcha y comenzará a gritar: «¡Oh, Dios, dame convertidos o moriré!». Entonces tendrá convertidos.[94]

---

[92] Charles Spurgeon, «Misiones evangelísticas», sermón predicado el 27 de abril de 1856, cursivas añadidas.
[93] Citado por Wallace Benn, «Preaching with a Pastor's Heart: Richard Baxter's *The Reformed Pastor*» en *Preach the Word: Essays on Expository Preaching in Honor of R. Kent Hughes* (Wheaton, Ill.: Crossway Books, 2007), p. 138.
[94] Charles Spurgeon, «Se desean conversiones», sermón predicado el 5 de marzo de 1876.

Spurgeon exhorta: «Empiece a clamar». Esa es la cura para la predicación desapasionada. Ese es el remedio para el predicador que se da cuenta de que carece de celo y fervor por las cosas de Dios.

¿Acaso Dios no contestará la oración de la persona que corre a su trono de gracia y con fervor clama a Dios para que conmueva su corazón, lo reavive, lo cambie y le dé como F. B. Meyer expresó: «Pasión por su gloria, pasión por las almas de los hombres... para que sus palabras puedan brillar y arder como carbones»?[95] ¡Sin duda, lo hará! Puede estar seguro que ese mismo tipo de oración es la que Dios responderá afirmativamente (1 Jn. 5:14-15).

51. Predique en el tiempo presente.

«Fiel es Dios».

1 Corintios 10:13

Una de las metas de la predicación es procurar expresar las verdades de las Escrituras para el aquí y el ahora. En su libro, *The Elements of Preaching* [Los elementos de la predicación], Warren y David Wiersbe advierten:

> Nadie va al templo para averiguar lo que les pasó a los jebuseos. Un sermón que se queda en el tiempo pasado no es realmente un sermón: es una historia bíblica o una conferencia. *Vivimos* en el tiempo presente y necesitamos escuchar lo que Dios tiene que decirnos *hoy.*[96]

Así, pues, en vez de hacer hincapié en lo siguiente como enseñanza principal:

- Dios *fue* fiel con los hijos de Israel en el desierto.

... exprese esa gran verdad en tiempo presente. Es cierto que Dios fue fiel, pero sería mucho mejor recalcar:

---

[95] F. B. Meyer, *Jottings and Hints for Lay Preachers* (Londres: A. Melrose, 1903), pp. 116-117.

[96] Warren y David Wiersbe, *The Elements of Preaching* (Wheaton, Ill.: Tyndale House Publishers, 1986), p. 66.

- Dios *es* fiel.
- Dios *será* fiel.

En lugar de hacer hincapié en lo siguiente como enseñanza principal:

- Dios les perdonó cuando se arrepintieron.

... *piense en:*

- Dios perdona a los pecadores que se arrepienten.

En vez de esto como enseñanza principal:

- La transigencia llevó a Salomón a una mayor desobediencia.

... *piense en:*

- La transigencia siempre lleva a una mayor desobediencia.

¿Ve la diferencia? Estamos trayendo las verdades de la Biblia al aquí y al ahora. Es bueno e incluso necesario señalar hechos del *pasado* (Ro. 15:4; 1 Co. 10:11), pero usted puede destacarse como un buen maestro si logra expresar esos hechos para sus oyentes en la realidad *actual.*

La Biblia afirma que Dios es el mismo hoy como lo fue en los días del Antiguo Testamento (He. 13:8). Los principios y verdades de la Biblia son intemporales. Dios enfatiza: «Porque yo Jehová no cambio» (Mal. 3:6). Todo lo que era verdad acerca de la naturaleza y el carácter de Dios en la Biblia lo es de Él en nuestra época también. Recuérdeselo a sus oyentes.

52. Procure hablar lo suficientemente claro para que no lo malentiendan.

«Un predicador debería predicar de tal forma que, cuando se acabe el sermón, la congregación pueda dispersarse diciendo: "El predicador dijo esto"».[97]

MARTÍN LUTERO

[97] Citado en el libro de G. Campbell Morgan, *Preaching* [*El ministerio de la predicación*] (New York: Fleming H. Revell Company, 1937), p. 49. Publicado en español por Clie.

El apóstol Pablo pidió a los creyentes de Colosas que oraran por él para que cada vez que proclamara la verdad de Dios a los demás: «yo lo anuncie con *claridad*, como debo hacerlo» (Col. 4:4, NVI). La claridad, por supuesto, es de suma importancia y los predicadores sabios de todo el mundo se dan cuenta de ello. Por lo que su meta es hablar lo suficientemente claro para que sus oyentes los entiendan. Pero lo animo a apuntar aún más alto. Procure hablar tan claramente que haya poca o ninguna posibilidad de que pueda ser *malinterpretado.*

Esa es una razón por la que lo animo a escribir la mayor parte de lo que va a decir en el púlpito. Hacerlo le permitirá repasar sus notas *antes* de enseñar y asegurarse de que…

- Lo que va a decir está claro
- No va a perder la atención de las personas
- Sus pensamientos fluyen bien
- No va a usar palabras o frases que la persona normal y corriente no va a entender

Recuerde que su meta no es impresionar a los oyentes con su conocimiento del idioma español —o del griego o hebreo según el caso—. Su meta es expresar las verdades de la Palabra de Dios de manera clara y llana para que sus oyentes puedan seguirlo y entender lo que la Palabra de Dios dice y significa. Dios no permita que las personas salgan de nuestras enseñanzas deseando haber llevado sus diccionarios.

Estoy de acuerdo con Bryan Chapell que asegura que la «señal verdadera de la genialidad pastoral es decir cosas profundas con sencillez».[98] Charles Spurgeon confesó:

> Dios me es testigo. ¡He dejado a un lado toda idea de tratar de ser elocuente o retórico en mi predicación! No estoy interesado en absoluto en el espectáculo llamativo de los discursos. Solo quiero comunicarle estas verdades de Dios sin tapujos.[99] … El

---

[98] Bryan Chapell, *Christ-Centered Preaching* (Grand Rapids, Mich.: Baker Books, 1994), p. 123.

[99] Charles Spurgeon, «Hechos simples y fe sencilla», sermón publicado el 18 de enero de 1917. No se da la fecha en que fue predicado.

> uso de palabras largas y rimbombantes de seis sílabas es simplemente una vanidad absurda.[100]

Si usted usa alguna vez una de esas «grandes» palabras (p. ej., soteriología, escatología, expiación vicaria, premilenial, teofanía, justificación), piense en dar una breve definición en la misma frase, para que la gente sepa lo que les está diciendo. He aquí tres ejemplos rápidos:

A. «Uno de mis libros favoritos sobre *escatología* es el de Dwight Pentecost...».

Los nuevos creyentes —y muchos creyentes de años— van a pensar: «¿De qué está hablando el predicador?»

Opción: «Uno de mis libros favoritos sobre escatología, o estudio de la profecía bíblica de los últimos tiempos, es...».

Al añadir una breve definición después de la palabra *escatología*, usted ha definido la palabra a mitad de la frase y así se asegura de que todos van a poder seguir escuchando con entendimiento.

B. «Creo que una explicación *plausible* para esta aparente contradicción en la Biblia es...».

La palabra «plausible» va a pasar por encima de la cabeza de un buen número de sus oyentes. Por tanto, si usted de verdad quiere usar la palabra *plausible*, podría decir:

Opción: «Creo que una explicación plausible, (o *creíble*, o *razonable*), para esto es...».

C. «*Ostensiblemente*, la razón por la que Jesús comió delante de sus discípulos refleja su deseo de mostrar que Él no era un fantasma *incorpóreo*...».

¿Ostensiblemente? ¿Incorpóreo? ¿*De verdad*?

---

[100] *The Quotable Spurgeon*, QuickVerse.

Opción: «Pareciera que la razón por la que Jesús comió delante de los discípulos era mostrarles que Él realmente había vencido la muerte con el mismo cuerpo que había sido crucificado».

Ahora bien, estos ejemplos plantean una pregunta. Si palabras como *ostensiblemente*, *plausible* o *escatología* van a pasar por encima de la cabeza de un buen porcentaje de la congregación, ¿por qué usarlas? En especial, si existen palabras o frases que son más comunes, mejor entendidas o suficientemente conocidas. Esa es una pregunta que, como maestro, debe reflexionar en ella. *Puedo* ver el beneficio de ayudar a la congregación a ampliar su vocabulario, pero no debemos perderlos en el proceso o acostumbrarnos a esta práctica tratando de impresionarlos.

Los mejores maestros siguen los pasos de Jesús y «gran multitud del pueblo le oía de buena gana» (Mr. 12:37). Oro pidiendo que eso mismo se comente de usted y de mí. Que Dios nos dé sabiduría y humildad para elegir bien nuestras palabras (Ec. 12:9-11).

53. Predique de forma apologética; contienda por la fe.

«Luchando vigorosamente por la fe encomendada una vez por todas a los santos».

JUDAS 3 NVI

Una de las metas de la enseñanza, como usted ya sabe, es exhortar a sus oyentes con la sana doctrina, explicándoles lo que es *correcto*. Pero otro de los objetivos es refutar a los que están *equivocados*, a los que contradicen la sana doctrina. De hecho, ser capaz de hacer eso es un requisito para los pastores. Pablo le exigió a Tito:

> Porque es *necesario* que el obispo sea irreprensible, como administrador de Dios… retenedor de la palabra fiel tal como ha sido enseñada, para que también pueda *exhortar* con sana enseñanza y *convencer* a los que contradicen (Tit. 1:7-9).

Enseñar fielmente la Palabra de Dios de forma expositiva sirve muy bien para ayudar a sus oyentes a entender y caminar en la sana doctrina. Pero ellos también necesitan ayuda para ver los errores de los que contradicen la sana doctrina.

Como usted sabe, existe una variedad de grupos que ofrecen puntos de vista alternativos, aberrantes, e incluso heréticos de ciertos pasajes bíblicos (p. ej., los testigos de Jehová, mormones, musulmanes, homosexuales, líderes de la iglesia emergente, los maestros de la palabra de fe). El pastor sabio, que se preocupa por el bienestar del rebaño, procurará aprovechar las oportunidades para «refutar a los que contradicen la sana doctrina», pero con amor.

Por ejemplo, cuando se trata de un versículo que afirma la deidad de Cristo (p. ej., Jn. 8:58, 20:28), en vez de solo afirmar lo que dice, él podría también dedicar unos minutos a refutar la típica respuesta de los testigos de Jehová a este versículo. Cuando enseñe a través de un pasaje que comúnmente es atacado por los críticos, como el mandato de Dios de destruir las ciudades de Canaán (Dt. 20:16-18; Jos. 6:21), podría dedicar algún tiempo a responder a las objeciones de los críticos. Eso es predicar de manera apologética. Eso es contender por la fe (Jud. 3).

Sus oyentes no deben recibir enseñanza del tipo apologético una o dos veces al año, cuando se invita a alguien de fuera a predicar. Ellos deberían recibir este tipo de ayuda durante todo el año.

Para ayudarle a contender por la fe desde el púlpito, lo animo a que siempre tenga a su alcance un ejemplar del libro *The Big Book of Bible Difficulties* [El gran libro de dificultades bíblicas] por Norman Geisler y Thomas Howe. Los autores van explicando, libro por libro, casi todos los pasajes de la Biblia que las sectas retuercen o que los críticos se burlan de ellos. Otro libro muy útil es *Commonly Misunderstood Bible Verses* [Versículos de la Biblia comúnmente mal entendidos] por Ron Rhodes.[101]

[101] Ambos libros están disponibles solo en inglés y se pueden adquirir en AlwaysBeReady.com.

54. Hable sobre los temas importantes de la actualidad.

«Fallar en presentar la enseñanza del evangelio sobre estos temas no es más que pregonar que no existe ninguna relación».[102]

D. A. Carson

Mientras enseña a través de la Palabra, busque oportunidades para mostrar lo que la Palabra de Dios tiene que decir sobre muchos de los temas de la actualidad:

- Pornografía
- Islam
- Aborto
- Homosexualidad
- Relativismo moral
- Pluralismo religioso
- Tensiones en el Medio Oriente
- Temas sobre el medio ambiente
- Guerra
- Eutanasia
- Clonación
- Investigación con células madre
- Pena de muerte
- Abuso de drogas
- Matrimonio de personas del mismo sexo

Aunque la Biblia no menciona algunas de estas cuestiones por nombre, se hallan versículos que hablan de esos temas. Y estos son los asuntos que las personas enfrentan todos los días en la cultura y en las noticias. Muchos quieren saber lo que la Biblia tiene que decir acerca de estos temas. Así que, cada vez que se presente la oportunidad, mencione esas

---

[102] D. A. Carson, «Challenges for the Twenty-first-century Pulpit», en *Preach the Word: Essays on Expository Preaching in Honor of R. Kent Hughes* (Wheaton, Ill.: Crossway Books, 2007), p. 187.

cuestiones y muestre lo que la Biblia enseña para que el pueblo de Dios piense sobre estos asuntos. Estoy de acuerdo con D. A. Carson, quien escribe:

> Los predicadores cristianos no están autorizados a evitar cuestiones importantes. Al mismo tiempo, esas cuestiones no deben determinar su mensaje. No obstante, fallar en presentar la enseñanza del evangelio sobre estos temas no es más que pregonar que no existe ninguna relación. Nuestra tarea, entonces, es ser expositores de la Palabra de Dios para ejercer ese ministerio en el momento y lugar en el que Dios según su providencia nos ha colocado.[103]

Dos libros que le ayudarán a hablar sobre estos temas desde una perspectiva bíblica son: *Christian Ethics: Options and Issues* [Ética cristiana: Opciones y temas] de Norman Geisler, y un libro similar, pero más corto, titulado *Love Your Neighbor: Thinking Wisely About Right and Wrong* [Ama a tu prójimo: Piense sabiamente sobre el bien y el mal] por Norman Geisler y Ryan Snuffer.[104]

55. Predique el evangelio y consérvelo bíblico.

«Siempre siento que no he cumplido con mi deber como predicador del evangelio si bajo del púlpito sin haber explicado claramente a los pecadores el camino de la salvación».[105]

Charles Spurgeon

Jesús ordenó: «Id por todo el mundo y predicad el evangelio a toda criatura» (Mr. 16:15). El hecho de que los seres humanos pecadores, rebeldes puedan...

---

[103] Ibíd.

[104] Ambos libros están disponibles solo en inglés y se pueden adquirir en AlwaysBeReady.com.

[105] Charles Spurgeon, «Aves migratorias», sermón predicado el 28 de agosto de 1870.

- Ser liberados del poder del pecado y de la muerte
- Ser perdonados por Dios
- Escapar de vivir la eternidad en el infierno
- Ser declarados justos ante los ojos de Dios
- Ser reconciliados con Dios
- Disfrutar de vida eterna con Dios, los ángeles y los redimidos

... debido a la muerte y resurrección de Jesucristo a nuestro favor es la mejor noticia que el mundo jamás podría oír.

¿Cómo es, entonces, que en el púlpito —posiblemente bendecido por la presencia de alguien que no es creyente— podamos descuidar darles a conocer las buenas nuevas? Y, sin embargo, sucede. Yo he sido culpable.

Al ver que nunca sabemos cuándo pueda visitar nuestra casa de adoración, clase, conferencia o celebración del domingo una persona no creyente, creo que todo predicador debe pensar en cómo va a incluir el evangelio en su mensaje antes de empezar a enseñar.[106]

Al *dar* a conocer el evangelio, asegúrese de que lo que va a predicar es bíblico. Es decir, asegúrese de que cada frase que pronuncia puede respaldarla con las Escrituras. La Biblia tiene una fuerte advertencia contra cualquier persona que distorsione el evangelio (Gá. 1:8). A la luz de esta advertencia, ¡no queremos alterarlo!

Rob Bell —maestro muy controversial y, en mi opinión, herético— tenía una gran multitud de fieles que acudían a sus enseñanzas y compraban sus videos.[107] La revista *Christianity Today* le preguntó a Bell cómo explicaría el evangelio en Twitter. Esta fue su respuesta:

> Yo diría que la historia se dirige a alguna parte. Las miles de pequeñas maneras en que usted está tentado a creer que la esperanza podría ser en realidad una respuesta legítima a la locura del mundo en realidad pueden ser ciertas. Y la historia

---

[106] Como dije antes en este libro, si usted está enseñando a un grupo pequeño y tiene la certeza de que todos en el grupo son salvos, dar una explicación detallada del evangelio cada semana no es necesario. Sin embargo, si allí está presente alguien nuevo y usted no está seguro de su condición espiritual, asegúrese de darle a conocer el evangelio. Es posible que él nunca tenga otra oportunidad de escucharlo.

[107] Vea la sección sobre la «Emerging Church» en AlwaysBeReady.com para saber más sobre Rob Bell.

> del cristianismo es que una tumba está vacía, y un movimiento que ha estado presente, en un sentido todo el tiempo desde la creación, ha comenzado realmente. Y todos esos momentos en que su cinismo estaba en desacuerdo con un impulso en su interior que le decía que esta pequeña cosa podría tratarse de algo más grande —esas diminutas astillas podrían, de hecho, estar conectadas a algo muy, muy grande.[108]

¿Qué? Tuve que leerlo cuatro o cinco veces para tratar de averiguar lo que estaba diciendo. Eso no es el evangelio. ¿Dónde está la mención de la cruz, la fe en Cristo, el arrepentimiento, el perdón de los pecados, la vida eterna, etc.? No es el evangelio que los discípulos predicaron. Es el evangelio según Rob Bell. Compare el evangelio de Bell con Escrituras como:

- Juan 3:16
- Hechos 16:30-31
- Romanos 5:8; 10:9-10
- 1 Corintios 15:1-4
- 1 Timoteo 1:15

Ahora bien, estoy seguro de que la mayoría de los que lean este libro asegurarán: «Charlie, yo nunca voy a presentar un evangelio como la cita de arriba de Rob Bell». Lo felicito por eso. Pero también quiero animarlo a evitar clichés populares que suenan más bíblicos que el evangelio de Bell, pero que, sin embargo, tampoco son el evangelio. Me refiero a clichés como:

Cliché No. 1: «Entregue su corazón (o vida) a Cristo y será salvo».

Veo un serio problema en este cliché. A menudo es entendido por los no creyentes como que se requiere más de lo que la Biblia en realidad requiere de una persona para que sea salva.

La Biblia afirma que somos «justificados *gratuitamente* por su gracia» (Ro. 3:24) y que la vida eterna es una «*dádiva* de Dios» (Ro. 6:23)

---

[108] Tomado de la entrevista a Mark Galli en *Christianity Today*. http://www.christianitytoday.com/ct/article_print.html?id=81195.

que es nuestra mediante la *fe* en Cristo (Jn. 3:16, 36; Ro. 5:1; 1 Jn. 5:13). Yo no quiero que una persona no creyente piense que tiene que *dar* su corazón, la vida, o algo a Cristo para salvarse.

¿Qué pensaría usted si un amigo lo llamara y le dijera:

—Tengo un regalo gratis para ti. Me gustaría llevártelo a tu casa.

Usted está de acuerdo y le dice:

—¡Muchas gracias! ¡Ven, te espero!

Su amigo llega en auto a su casa llevando una gran caja con un lazo rojo en ella. Él extiende sus brazos hacia usted con la caja, pero tan pronto como usted se dispone a recibirla, él la retira y exige:

—Si te gusta este regalo, lo que tienes que hacer es darme tu corazón o tu vida.

¿Qué pensaría usted? ¿Sería eso un «regalo»? No. Eso es un regalo con una etiqueta de precio enorme. El *corazón*, bíblicamente hablando, es el núcleo de lo que una persona es, el centro no solo de la actividad espiritual, sino de todas las operaciones de la vida humana.[109] Una *vida* se entiende ampliamente en el sentido de que es la totalidad de la vida de una persona: su tiempo, talentos, sueños, deseos, etc. Cuando le decimos a una persona: «Entrega tu corazón (o vida) a Cristo y serás salvo», le ponemos un precio a la salvación. Eso no es el evangelio. Eso no es una buena noticia. No puedo encontrar ningún versículo que requiera que una persona dé *algo* al Señor a fin de ser salvo. Un «don gratuito» (Ro. 6:23) es gratis, ¿no es así? Charles Spurgeon está de acuerdo en que este cliché popular es problemático y, en un sermón, comentó:

> Estoy continuamente oyendo, de convertidos y otros, la expresión: «Le entregué mi corazón a Cristo», como una descripción de la conversión. Ahora bien, no encuentro error en esa expresión, ya que debemos dar nuestros corazones a Cristo, pero, muy en serio, permítame advertir que me temo que esa frase puede hacer mucho daño a menos que tengamos cuidado de explicarla bien. El evangelio no tiene que ver con «Da tu corazón a Cristo, y serás salvo». El evangelio es: «Cree en el Señor Jesucristo —es decir, *confía* en Él— y serás salvo». Cuando

---

[109] Esta es una definición bíblica del corazón ampliamente aceptada. Consulte http://www.biblestudytools.com/dictionaries/eastons-bible-dictionary/heart.html.

> haya hecho eso, usted se sentirá seguro de darle su corazón por completo. La salvación no ocurre porque usted le entrega algo a Cristo, ¡sino porque Cristo le da algo a usted! Me alegro de que usted haya entregado su corazón a Cristo, ¿pero aprendió primero la lección de que Él entregó su corazón por usted? ¡No hemos encontrado la salvación por haberle dado nada a Cristo! Entregarnos a Él es el fruto de ella, pero la salvación ¡la recibimos porque Cristo nos dio algo! ¿He dicho que Cristo nos dio algo? No, Él nos lo dio *todo*, pues se ha dado a sí mismo.[110]

Spurgeon quería conservar bíblico el evangelio que predicaba. Iba derecho a la Biblia y expresaba: *«Esto es lo que realmente dicen las Escrituras: "Cree en el Señor..."»*. Estaba decidido a mantener el evangelio puramente bíblico; no quería alterarlo en lo más mínimo. Spurgeon confesó:

> Estoy contento de vivir y morir como un mero repetidor de la enseñanza de las Escrituras, y como una persona que no ha pensado nada, ni inventado nada, como uno que nunca pensó que la invención fuera parte de su llamamiento; sino como uno que ha concluido que lleva el mensaje de los labios de Dios, con lo mejor de su capacidad, y que simplemente funciona como una boca de Dios para la gente, procurando que nada propio se interponga entre Dios y los oyentes.[111]

Amén, amén. Los heraldos del rey tienen que ser *mensajeros*, no *editores*.

Cliché No. 2: «Para ser salvo usted necesita invitar a Cristo a entrar en su corazón».

Este es otro cliché ampliamente utilizado que debemos abandonar. Veamos por qué.

Primero, no es bíblico. No se hallan versículos en las Escrituras que pidan que una persona haga eso. El versículo citado a menudo para

---

[110] Charles Spurgeon, «La pecadora de Sicar es salvada», sermón predicado el 13 de abril de 1890.

[111] Charles Spurgeon, «Un hito memorable», sermón predicado el 25 de marzo de 1886.

apoyarlo es Apocalipsis 3:20 donde Jesús invita: «He aquí, yo estoy a la puerta y llamo; si alguno oye mi voz y abre la puerta, entraré a él, y cenaré con él, y él conmigo». Pero Jesús no estaba hablando aquí acerca de la salvación y no se dirigía a los *no creyentes* que están fuera de la iglesia. Él hablaba sobre el compañerismo y se dirigía a los *cristianos* que estaban dentro de la iglesia de Laodicea.

En su comentario sobre el libro de Apocalipsis, John Walvoord advierte: «Este era un llamamiento a los *cristianos* y no a los no cristianos».[112] Charles Ryrie comenta sobre este versículo: «Cristo está haciendo un llamamiento a los *creyentes* mundanos y transigentes de la iglesia para que regresen y disfruten de la plena comunión con Él».[113] Daniel Wallace, profesor de Nuevo Testamento en el Seminario Teológico de Dallas, afirma que Apocalipsis 3:20 «no es en absoluto un versículo acerca de la salvación».[114]

Una de las razones por las que Wallace, Walvoord, Ryrie y otros comentaristas de la Biblia han concluido que este versículo se dirige a los creyentes es porque Jesús dijo en Apocalipsis 3:22: «El que tiene oído, oiga lo que el Espíritu dice a las *iglesias*». Los creyentes que están dentro de las iglesias y que se hallan espiritualmente débiles y alejados de la comunión con Jesús pueden renovar su comunión con su Salvador, siempre dispuesto y amoroso, simplemente respondiendo a su solicitud para entrar y cenar con ellos.

Una segunda razón por la que creo que este cliché («Pídele a Jesús que entre en tu corazón...») se debe abandonar es porque es confuso para los no creyentes. Muchos de ellos se preguntan qué significa esa frase incluso cuando escuchan que la dice un cristiano bien intencionado. *¿Invitar a Jesús en mi corazón? ¿Cómo se mete Él allí? ¿Cómo logra respirar ahí dentro? ¿Cómo puede vivir en mi corazón y en el corazón de otra persona también?*

Así, pues, por estas y otras razones, en vez de utilizar estos clichés de

---

112 Véase el comentario de Walvoord sobre Apocalipsis 3:20 en *The Bible Knowledge Commentary* (Wheaton, Ill.: Victor Books, 1983-1985), cursivas añadidas.
113 Véase las notas de Ryrie sobre Apocalipsis 3:20 en *La Biblia de estudio Ryrie ampliada* (Grand Rapids, Mich.: Editorial Portavoz, 2011), p. 1297, cursivas añadidas.
114 Daniel B. Wallace, «Revelation 3:20 and the Offer of Salvation», http://bible.org/article/revelation-320-and-offer-salvation.

«Entrega tu corazón (o vida) a Cristo y serás salvo» o «Invita a Jesús a que entre en tu corazón», por qué no anima a sus oyentes con estos versículos:

- «Cree en el Señor Jesucristo, y serás salvo» (Hch. 16:31).
- «Arrepentíos, y bautícese cada uno de vosotros en el nombre de Jesucristo para perdón de los pecados; y recibiréis el don del Espíritu Santo» (Hch. 2:38).
- «Si confesares con tu boca que Jesús es el Señor, y creyeres en tu corazón que Dios le levantó, serás salvo» (Ro. 10:9).
- «Arrepentíos y convertíos» (Hch. 3:19).

56. Hable para persuadir.

«Y entrando Pablo en la sinagoga, habló con denuedo por espacio de tres meses, discutiendo y persuadiendo acerca del reino de Dios».

Hechos 19:8

Un pastor, después de tomar a su cargo una nueva iglesia, recibió muchos cumplidos por su primer sermón. Un buen número de miembros le mencionó que justo eso era lo que necesitaba la congregación. Al domingo siguiente, de nuevo predicó bien, pero la congregación quedó muy perpleja porque predicó el mismo sermón que el domingo anterior. El tercer domingo, cuando predicó otra vez el mismo sermón, las personas se acercaron al predicador para pedir una explicación. El pastor contestó: «¿Por qué? Claro que es el mismo sermón. Ustedes me comentaron el primer domingo cuánto necesitaba la iglesia precisamente eso, y estuve observando toda la semana para ver si había algún cambio en sus vidas, pero no vi ninguno, así que lo prediqué de nuevo. Estuve mirando toda la semana siguiente, pero todavía no hubo cambio, y no lo veo aún. ¿No creen que sería bueno que me preparara para predicarlo de nuevo el próximo domingo?».[115]

---

[115] *Illustrations of Bible Truths*, compilado por Ruth Peters, QuickVerse.

No recomiendo que usted aplique la estrategia de aquel pastor, pero la historia sirve para ilustrarnos algo importante. Uno de los objetivos de predicar la Palabra de Dios es la *persuasión*. Persuadir a los oyentes no solo a que crean lo que dice el pasaje, sino a que actúen y lo practiquen, para que cambien de dirección.

Dios no quiera que nuestros oyentes sean solo oyentes de la Palabra y no hacedores (Stg. 1:22). Como predicadores, «estamos —como J. I. Packer lo expresó— buscando sin reparo cambiar la forma de pensar y de vivir de las personas».[116] Cambiar la forma de pensar y vivir es en última instancia la responsabilidad de las personas que oyen la enseñanza y al Espíritu Santo. Pero el Espíritu utiliza al predicador y sus palabras persuasivas en el proceso. Martyn Lloyd-Jones aseguró:

> Sin duda alguna todo el propósito de este acto [de predicar] es persuadir a las personas. El predicador no anuncia las cosas con la actitud de «lo tomas o lo dejas». Él desea convencer a las personas de la verdad de su mensaje; quiere que ellas lo vean; trata de hacer algo por ellas, de influir en ellas... quiere moverlas, quiere llevarlas con él al conocimiento de la verdad.[117]

¿Cómo debemos tratar de persuadir a las personas a actuar según la Palabra, para que cambien de dirección, etc.? No conozco ninguna otra manera, desde el púlpito, excepto la de dejar bien claro ante el pueblo lo que las Escrituras dicen, mostrar a los oyentes cuán razonable es lo que Dios pide, recordarles cuán digno es Dios de nuestra confianza y obediencia, y luego indicarles lo que Dios desea que hagan. Por tanto, no solo nos paramos detrás del púlpito tratando de *educar* a las personas acerca de lo que la Biblia dice y lo que ciertos individuos hicieron, vamos más allá de eso. Tratamos de mostrarles la belleza de la Palabra de Dios y de la voluntad de Él para sus vidas. Y entonces las exhortamos:

- «Ve, y haz tú lo mismo» (Lc. 10:37).

---

[116] Citado por Wallace Benn, «Preaching with a Pastor's Heart: Richard Baxter's *The Reformed Pastor*», en *Preach the Word: Essays on Expository Preaching in Honor of R. Kent Hughes* (Wheaton, Ill.: Crossway Books, 2007), p. 137.
[117] Martyn Lloyd-Jones, *Preaching and Preachers* [*La predicación y los predicadores*] (Londres: Hodder and Stoughton, 1971), pp. 91-92. Publicado en español por Peregrino.

- «Dios desea que usted le obedezca en esta área».
- «Usted necesita cambiar de dirección».
- «Haz esto, y vivirás» (Lc. 10:28).
- «No solo crea lo que está leyendo —los demonios también creen— ¡actúe de acuerdo a eso!».

Una de las preguntas que de inmediato vienen a la mente de algunas personas después de oír exhortaciones como estas, es *¿Por qué? ¿Por qué quiere Dios que yo viva de esa manera?* Una de las formas más eficaces para convencer a los oyentes de que actúen conforme a lo que dicen las Escrituras es contestar ese *¿Por qué?* Esto me lleva a mi siguiente reflexión.

57. Ayude a sus oyentes a entender *por qué* Dios requiere una acción en particular.

«Precisamente por eso, esfuércense...».

2 Pedro 1:5 NVI

Ya hablamos anteriormente de responder a las seis grandes preguntas (¿Quién? ¿Qué? ¿Dónde? ¿Por qué? etc.). Pero esta pregunta «¿Por qué?» es un poco diferente. Cuando usted está enseñando, una de las preguntas en la mente de sus oyentes es:

> ¿Por qué tengo yo que hacer eso? Sí, entiendo que Dios desea que yo (llene el espacio en blanco), pero *¿por qué?* ¿Por qué desea Dios que yo viva de esa manera?

Es importante responder a esa pregunta.

Si un padre interrumpe a sus hijos mientras están jugando enfrente de la casa después de la escuela y les ordena: «Entren y pónganse algo de ropa bonita», los niños naturalmente van a querer saber *por qué*. Ahora, el padre podría ejercer su autoridad paterna y responderles: «Porque lo digo yo. Esa es la razón». Y con suerte, los niños van a obedecerlo, aunque es probable que con algunas quejas. Pero si el padre dedica un poco de tiempo y les explica: «Les pedí que entraran y se pusieran algo de ropa bonita, porque vamos a salir a cenar a un buen restaurante», es mucho más probable que los niños respondan con alegría a su demanda.

Pues bien, lo mismo sucede con las personas a las que enseñamos. Ellas tienen muchas más probabilidades de obedecer con alegría las instrucciones de Dios si saben *por qué* Él les pide que hagan algo. En especial, si pueden ver lo razonable que son las instrucciones de Dios —cuán arraigadas están a su sabio proyecto para el bienestar de la humanidad—.

A veces, la respuesta a la pregunta *por qué* estará allí mismo, en el pasaje que está enseñando. Otras veces no se hallará allí. Obviamente, tener un buen conocimiento de las Escrituras va a ser de gran utilidad en estos casos. Aquí le ofrezco una sugerencia rápida. Las respuestas a las preguntas de *por qué* a menudo se relacionan con:

- Quién es Dios.
- Qué ha hecho Dios por los pecadores.
- Qué ha reservado Él en el futuro para los que obedecen o desobedecen.

Usted lo verá en los siguientes ejemplos:

- Perdone a los demás
  ¿Por qué? Porque Dios nos perdona a nosotros (Ef. 4:32).

- Camine en amor
  ¿Por qué? Porque Cristo nos ama (Ef. 5:1-2).

- Sea santo
  ¿Por qué? Porque Dios es santo (1 P. 1:16).

- No juzgue a otros
  ¿Por qué? Porque Cristo es el Juez (Jn. 5:22; Ro. 14:4).

- Huya de la inmoralidad sexual
  ¿Por qué? Porque su cuerpo es templo del Espíritu Santo. Usted no se pertenece a sí mismo, sino que fue comprado por un precio (1 Co. 6:18-20).

- Arrepiéntase y confíe en Cristo
  ¿Por qué? Porque hay un día de juicio venidero (Ro. 2:5-6).

Por supuesto, estas no son las únicas respuestas a estas preguntas de *por qué*, pero puede ver cómo explicar estas verdades ayudará a motivar a sus oyentes a obedecer.

58. Repita las ideas importantes.

«Regocijaos en el Señor siempre. Otra vez digo: ¡Regocijaos!».
Filipenses 4:4

Una de las herramientas de comunicación que un maestro sin experiencia descuida a menudo es la *repetición*. Se ve desde el comienzo de su enseñanza. El joven predicador dirá: «Abran su Biblia conmigo a tal capítulo y versículo», y luego orará y comenzará a leer. Pues bien, la experiencia nos dice que a medida que la audiencia comienza a echar mano de sus Biblias, solo alrededor de dos tercios de ellos recuerdan el versículo que tenían que buscar. Cuando el predicador comienza a leer, un tercio de la congregación está mirando a su alrededor preguntándose: «¿Qué versículo pidió?».

La manera obvia de evitar este problema es repetir el versículo unos segundos después de la primera mención. Si está utilizando PowerPoint o Keynote, también puede proyectar la referencia bíblica en la pantalla para que la gente pueda verla.

Repetir sus puntos principales es también importante (en especial para los que toman notas). Si usted dice: «Aquí vemos una quinta verdad: La justificación es solamente por gracia mediante la fe en Cristo», y luego sigue hablando sin repetir su punto, solo alrededor de la cuarta parte de los que toman notas van a conseguir escribir en su cuaderno lo que usted ha dicho, y otra cuarta parta va a escribirlo mal («la justificación es solo por la fe de Cristo en nosotros»).

Hace años, cuando yo era un nuevo creyente, un pastor señaló: «Es importante que sepamos *lo que* creemos y *por qué* lo creemos». No repitió su punto, pero a mí me pareció que era lo suficientemente importante como para anotarlo en el margen de mi Biblia. Y así lo hice —con tinta, lamentablemente—. Digo lamentablemente porque un año o dos más tarde me di cuenta de que había fallado en escribir correctamente lo que expresó el predicador. Yo anoté: «Conozca lo que *ellos* creen y por qué nosotros lo creemos». Está allí en mi Biblia hasta el día de hoy. Aunque lo he tachado con una línea y corregí la redacción, sirve como un recordatorio de la importancia de repetir las ideas importantes.

Además de repetir la referencia bíblica que pide a la audiencia que busque y sus puntos importantes, es también bueno que de vez en cuando vuelva a leer un versículo entero, incluso leyendo lentamente las palabras clave que usted quiere resaltar en esta segunda vez. Al hacerlo así, permitirá a los oyentes más tiempo para procesar lo que realmente está diciendo la Biblia.

59. Honre a su cónyuge y familia en el púlpito.

«Dando honor a la mujer… como a coherederas de la gracia de la vida».

1 Pedro 3:7

No use las debilidades o caídas de su cónyuge o de sus hijos como material para una ilustración. Esto debería ser evidente, pero he oído que eso mismo sucede. El pastor vacila por un momento —como si su conciencia le dijera: «¡No lo hagas!»—, y luego prosigue: «Mi mujer me va a matar por decir esto… pero de vez en cuando ella tiene dificultades con (llene el espacio) y el otro día cuando llegué a casa del templo…».

Y allí está sentada la esposa del pastor, encogida en la banca. Y todo el que sabe que ella es la esposa del pastor la mirará para ver su reacción.

No creo que los pastores deban hacer eso. Debemos ser un ejemplo que puedan seguir (1 Ti. 4:12) los hombres de la iglesia por la forma en que amamos (Ef. 5:25) y honramos a nuestra esposa como Cristo ama a la iglesia. Nunca he leído que Jesús mostrara públicamente los pecados de sus seguidores por el interés de una ilustración. ¿Por qué no? Porque el amor cubre multitud de pecados (1 P. 4:8).

Si usted desea que los maridos a los que usted enseña amen y honren a *sus* esposas, sea para ellos un buen ejemplo y honre a *su* esposa.

Lo mismo ocurre con sus hijos. Muy pocos jóvenes sobreviven a los retos de la transición de crecer en una iglesia y luego de pasar desde el ministerio para estudiantes de la escuela secundaria a asistir por su propia cuenta a la clase de adultos, en el santuario principal. No coloque un obstáculo más en su camino al contarle a la congregación sus luchas y debilidades. ¿Qué hijo de un predicador va a querer estar en un santuario lleno de adultos que han oído acerca de los pecados de su juventud? Ninguno que yo haya conocido.

Si va a poner a alguien bajo una luz negativa por el interés de una ilustración o de un relato humorístico, asegúrese de no mencionar el nombre de la persona o que el protagonista sea usted.

60. Use el humor con prudencia.

«Si mediante la risa puedo hacer que los hombres vean la necedad de un error mejor que por otro medio, voy a procurar hacerlos reír».[118]

Charles Spurgeon

Me encanta reír y me gusta hacer reír a la gente. Es probable que usted sea igual que yo. Y creo que podemos afirmar con seguridad que Jesús hizo reír a la gente. Frases como: «¿Y por qué miras la paja que está en el ojo de tu hermano, y no echas de ver la viga que está en tu propio ojo?» (Mt. 7:3), seguramente le sacaron una sonrisa a sus oyentes, al mismo tiempo que los llevaba a reconocer una verdad que penetraba su corazón.

Creo que hay lugar para el humor al tiempo que enseñamos. Dios creó la risa. Un corazón alegre es buena medicina (Pr. 17:22). Pero tenga cuidado de que su humor sea relevante, útil, y honre a Dios (1 Co. 10:31). Permítame darle algunas palabras de consejo:

- **No sienta que tiene que empezar cada sermón con un chiste o relato divertido.**

Por alguna razón, eso se ha convertido en algo muy popular en los cultos de adoración de las iglesias en Estados Unidos. Quizá los pastores se

[118] Charles Spurgeon, «Cinco temores», sermón predicado el 23 de agosto de 1857.

hayan dejado influenciar por David Letterman u otras personalidades de los programas nocturnos de la televisión. Letterman, Leno y otros suelen abrir sus programas con un monólogo de humor que son muy aplaudidos. En lo que tiene que ver con practicar algo así en la iglesia para dar inicio a un sermón, concuerdo con Warren Wiersbe:

> Es un misterio para nosotros por qué algunos predicadores piensan que siempre deben contar algo chistoso antes de leer su texto y predicar el mensaje. Cuando hay una audiencia hostil o una atmósfera de tensión, tal vez un poco de humor puede ayudar a cambiar ese ambiente; pero sin duda se trata de una excepción. ¿Se imagina usted a Pedro contando un chiste antes de su predicación de Pentecostés, o a Pablo entreteniendo a los filósofos en el Areópago?[119]

Es muy difícil imaginar a Pedro o a Pablo haciendo eso. Su ejemplo debería llevarnos a todos los que enseñamos la Palabra de Dios a considerar en oración si *nosotros* debemos usarlo y, si es así, ¿con qué frecuencia? Emil Turner señala que:

> El humor no es necesario para relajar a una congregación y lograr que se sientan cómodos. Lo utilizamos para tranquilizarnos a *nosotros mismos*. Pero su llamamiento, su preparación, su percepción de la presencia de Dios, su vida de oración son los que le van a dar una verdadera sensación de «comodidad» en la predicación.[120]

Bien dicho. La congregación por lo general ya está tranquila y cómoda. Han visto a los amigos y conversaron con ellos. Han pasado tiempo adorando al Señor. Si utiliza el humor en el comienzo de un mensaje para sentirse usted relajado y cómodo, considere de nuevo las palabras de Turner que cité arriba. Sentirse usted *a gusto* no es una buena razón para que un embajador del Rey comience un mensaje con algo gracioso.

---

[119] Warren y David Wiersbe, *The Elements of Preaching* (Wheaton, Ill.: Tyndale House Publishers, 1986), p. 76.

[120] Emil Turner, «The Use of Humor in the Pulpit», cursivas añadidas. http://www.absc.org/emil-turner-executive-director-of-the-arkansas-baptiststate-convention/111-default-category/915-the-use-of-humor-in-thepulpit.html.

- **Sea cuidadoso y evite el humor que insulta o ridiculiza.**

Yo solía comenzar una enseñanza sobre la evidencia de la existencia de Dios con una broma que alguien me envió hace años. Decía así:

> Una maestra de escuela primaria declaró a su clase de niños pequeños que ella era atea. Luego preguntó al grupo si ellos eran ateos también. En realidad, no sabiendo lo que era el ateísmo sino solo por querer ser como su maestra, levantaron sus manos con entusiasmo. Hubo, sin embargo, una excepción. Una niña llamada Lucy no se había unido a todos los demás. La maestra le preguntó por qué decidió ser diferente. Lucy explicó: «Porque no soy atea». La maestra le preguntó: «¿Qué eres?». Lucy respondió: «Soy cristiana». Luego la maestra le preguntó por qué era cristiana. «Bueno, yo crecí conociendo y amando a Jesús. Mi madre y mi padre son cristianos, así que soy cristiana». La maestra reaccionó con enojo: «¡Esa no es una razón! ¿Y si tu madre fuera una imbécil, y tu padre fuera un imbécil, qué serías tú entonces?». Lucy hizo una pausa, pensó y respondió: «Entonces, sería una atea».[121]

La respuesta de Lucy siempre conseguía grandes risas. Pero finalmente me di cuenta de que, con todo lo divertida que era la broma, la respuesta de Lucy se quedaba corta con la norma de Dios en 1 Pedro 3:8-9:

> Finalmente, sed todos de un mismo sentir, compasivos, amándoos fraternalmente, misericordiosos, amigables; *no devolviendo mal por mal, ni maldición por maldición*, sino por el contrario, bendiciendo, sabiendo que fuisteis llamados para que heredaseis bendición.

En la broma, la maestra insulta a Lucy («¡Esa no es una razón!»). Una respuesta adecuada mediante la cual Lucy honraría a Dios no incluiría el insulto de que ser ateo es ser un «imbécil».

De modo que, aunque la historia causaba una gran cantidad de risas y me llevaba muy bien al tema que nos ocupaba, decidí no volver a usarla.

---

[121] Se desconoce la fuente original.

- **Dese cuenta de que el humor puede crear obstáculos para que una persona reciba la Palabra.**

Mirándolo ahora en retrospectiva, estoy seguro de que la broma de Lucy probablemente molestaría a los ateos que quizá hubieran asistido a la reunión. Pensar ahora que un ateo pudo haber llegado al templo por primera vez para ver qué eran los cristianos o para darle a la Biblia una oportunidad, *solo para escucharme contar bromas acerca de los ateos*, me hace temblar con gran pesar.

Las bromas a menudo se cuentan a expensas de un individuo o grupo particular de personas (de baja estatura, adultos mayores, mujeres, sectores profesionales, etc.). Usted puede pensar que su broma es «inocente» y que las personas «entienden su corazón» y saben que «usted realmente no quiere ofender», etc., y muchos estarán de acuerdo con usted en ese sentido. Pero las risas que usted obtiene por bromas que llaman la atención sobre un cierto tipo de personas suelen hacer que las personas de ese grupo en su congregación tengan dificultades para escucharlo a usted después de esa broma. ¿Es eso lo que quiere? ¿Quiere usted levantar obstáculos a la Palabra de Dios con esa práctica? Pablo exhortó: «No damos a nadie ninguna ocasión de tropiezo, para que nuestro ministerio no sea vituperado» (2 Co. 6:3).

- **Póngase en el lugar del probable ofendido antes de contar una broma.**

Al considerar si va a contar o no algo humorístico, trate de ponerse en el lugar de la persona o grupo que pueda resultar ofendida. Con la broma sobre ateos que yo contaba, me debería haber preguntado a mí mismo: «Si asistiera a la conferencia de un ateo sobre la evidencia a favor del ateísmo —si es que hubiera pruebas a favor del ateísmo—, y él empezara con una broma sobre cuán estúpidos son los cristianos, ¿cómo me sentiría? Sin duda, no muy bien. Bueno, eso lo resuelve todo. Deseche esas bromas. Jesús exhortó: «Así que, *todas las cosas* que queráis que los hombres hagan con vosotros, así también haced vosotros con ellos» (Mt. 7:12).

- **Evite conseguir hacer reír a costa de un miembro de la familia.**

Mucho tiempo después de que la congregación haya olvidado su sermón, los miembros de su familia todavía recordarán haber sido motivo de risa.[122] Puede que su esposa sea lo suficientemente fuerte como para manejar la sátira, pero sus hijos no lo son. No los sacrifique en el altar de la comedia por amor de la risa. Si usted practica eso de forma regular, cuente con que sus hijos abandonarán su iglesia cuando tengan la edad suficiente para ir a otro lugar.

- **El mejor humor es criticarse a uno mismo.**

Las personas disfrutan cuando su maestro les cuenta sobre alguna experiencia embarazosa o de cuando fue atrapado en una situación incómoda.[123]

Quiera el Señor darle sabiduría cuando trate de ser gracioso en el púlpito.

61. Cuídese de no extender demasiado su enseñanza.

«Y un joven llamado Eutico, que estaba sentado en la ventana, rendido de un sueño profundo, por cuanto Pablo disertaba largamente, vencido del sueño cayó del tercer piso abajo, y fue levantado muerto».

Hechos 20:9

Cuánto tiempo debe enseñar depende de la audiencia, el entorno, el tema, la temperatura, su habilidad para mantener la congregación interesada, etc. Por tanto, no voy a señalar aquí cuánto tiempo debe predicar. Confío en que Dios le dé sabiduría con respecto a eso. Pero me gustaría dar algunos consejos para aquellos que recibirán invitación a enseñar en lugares alejados de su punto habitual de predicación.

Si lo invitan a predicar en alguna otra parte, asegúrese de preguntar de antemano cuánto tiempo les gustaría que enseñe. Usted no quiere dar por sentado que cuenta con cuarenta y cinco a sesenta minutos para luego descubrir poco antes de empezar que solo tiene treinta. He pasado

---

[122] Emil Turner, «The Use of Humor in the Pulpit».
[123] Ibíd.

por esa situación y puede ser estresante tratar de averiguar qué cortar del mensaje justo antes de tener que empezar a enseñar.

Si el grupo de alabanza o los anuncios sobrepasan su tiempo —y por alguna razón suelen hacerlo cuando está presente un predicador invitado— entonces, permita que el Espíritu Santo lo ayude a editar su mensaje sobre la marcha en el púlpito mientras usted está hablando. No se diga a sí mismo: «Bueno, ellos me dijeron que podía enseñar cuarenta y cinco minutos y que debería terminar a las 9:45, pero ellos se extendieron, de modo que voy a enseñar por cuarenta y cinco minutos y terminaré a las 9:55». No haga eso. Termine a tiempo. Por lo general existe una buena razón para que alguien le indicara una hora concreta para terminar. La iglesia probablemente necesita disponer de tiempo suficiente entre las reuniones de adoración para que se pueda vaciar el estacionamiento a fin de que las personas que llegan para el siguiente culto puedan encontrar un lugar donde estacionar.

Si celebran varios cultos de adoración durante la mañana en el lugar donde lo invitaron a enseñar, sugiero que escriba la hora en que termina cada culto en un pedazo de papel y lo coloque en el púlpito para que pueda mantener un ojo en el reloj y asegurarse de que termina a tiempo.

EL LENGUAJE CORPORAL DEL PREDICADOR

62. Procure mantener contacto visual con sus oyentes, mientras enseña.

«Entonces Jesús, mirándolos, dijo...».

MARCOS 10:27

Mantener el contacto visual con los oyentes mientras está enseñando es, por supuesto, muy importante. Muchas personas tienen dificultades para escuchar con atención a un maestro que no levanta regularmente la mirada de sus notas para fijarse en ellos. He aquí algunas sugerencias prácticas para ayudarlo a conseguir levantar los ojos de sus notas:

A. Los párrafos de sus notas deben ser cortos.

Muchos maestros inexpertos llevan páginas de notas al púlpito que ningún maestro con experiencia trataría de usar para enseñar. Sus párrafos tienen veinte renglones de texto, y ninguna de las palabras aparece resaltada o en letra negrita. No es de extrañar que se vean obligados a mirar sus notas a cada momento. Miran hacia el frente por un breve instante, y luego regresan a sus notas tratando de averiguar dónde se encontraban.

Lo animo a mantener párrafos cortos (tres a cinco oraciones probablemente sea una buena guía). Deje que sus notas respiren. Deje espacio entre los párrafos. No trate de meter todo en dos o tres páginas de notas.

B. Resalte una o dos palabras clave en cada párrafo.

Use un marcador de texto fluorescente para resaltar las palabras o frases clave en cada párrafo. Eso le permitirá mirar las notas con solo un vistazo, ver la palabra clave y recordar el pensamiento clave del párrafo.

C. Imprima sus notas con anticipación.

Una de las mejores maneras de conseguir quitar la vista de sus notas es imprimirlas lo suficientemente temprano como para poder repasarlas tres o cuatro veces. Repasar sus notas más de una vez lo ayudará a memorizarlas y retener bien lo que quiere decir. Si imprime las notas media hora antes de enseñar y les echa un vistazo rápido, usted probablemente va a tener que leer sus apuntes en el púlpito.

D. Dibuje iconos en sus notas.

Existe una razón por la que la computadora Macintosh que estoy usando para escribir ahora mismo cuente con pequeños iconos a lo largo de la parte inferior de la pantalla. Esos pequeños dibujos están ahí para recordarme lo que va a suceder si pulso uno de ellos. Miro el pequeño dibujo de un zorro envolviendo con su cuerpo un globo y recuerdo que es mi navegador web Firefox. Si lo pulso voy a acceder a la Internet. Iconos e imágenes pueden recordarnos con rapidez muchas ideas.

Al percatarme de eso, hace años empecé a dibujar pequeños iconos, símbolos y figuras en los márgenes de mis notas. Cuando miro mis notas y veo una nube, un árbol u otro símbolo, puedo recordar con más facilidad lo que quiero decir.

Aunque aquí parezca que esta es una sugerencia poco ortodoxa (nunca la he visto recomendada en ninguno de los libros que he leído sobre predicación), lo animo a probar. He descubierto que es muy útil.

E. Lea por adelantado mientras las personas buscan en sus Biblias.

En medio de su mensaje cuando usted pide: «Busquen conmigo en sus Biblias en el Evangelio de Juan, capítulo 20», empiece a revisar sus notas. Mire hacia adelante para ver lo que planea decir después de la lectura. Tendra de diez a quince segundos para mirar sus notas mientras las personas buscan en sus Biblias. Por supuesto, esto funcionará solo si usted mismo no necesita pasar mucho tiempo buscando en su Biblia. Esto lo puede lograr poniendo un marcador o dos en su Biblia, o escribiendo los pasajes bíblicos directamente en sus notas.

F. Utilice un micrófono inalámbrico.

Un micrófono fijo en el púlpito, por lo general, exige que usted se mantenga allí parado cerca del púlpito, lo que a su vez requiere que incline la cabeza unos cuarenta y cinco grados para ver sus notas. Cada vez que hace ese movimiento la congregación puede ver la parte superior de su cabeza. El uso del micrófono inalámbrico en la solapa o sobre la oreja le permitirá alejarse del púlpito a cierta distancia. De esta manera, usted no necesita inclinar tanto la cabeza hacia abajo para ver sus notas. Esto hará que resulte menos obvio que anda buscando en sus notas.

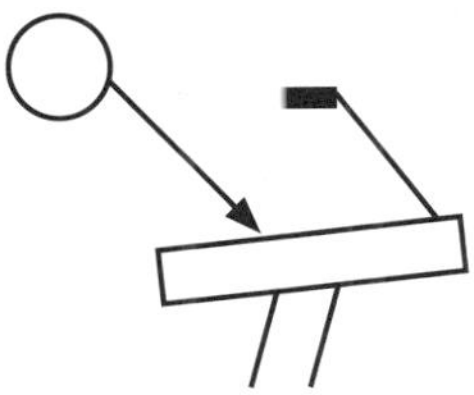

Ángulo de la visión con micrófono de púlpito

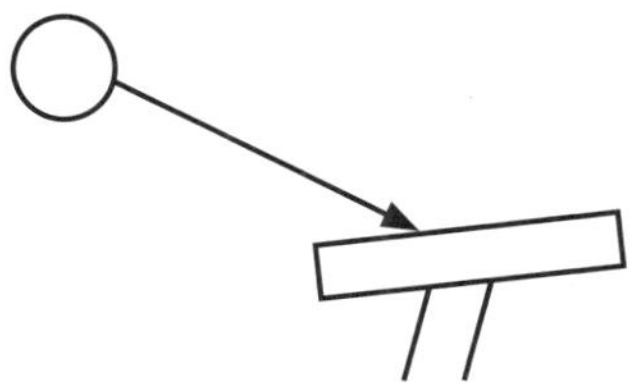

Ángulo de la visión con micrófono inalámbrico

Aquí le comparto otro pequeño consejo que vale la pena mencionar para lograr mantener un buen contacto visual. Trate de evitar centrarse demasiado en un grupo particular de personas en el santuario. Eso puede ser una distracción para la gente. Los oyentes que usted se olvida de mirar se preguntarán:

- ¿Por qué rara vez nos mira a nosotros?
- ¿Hay aquí alguien en nuestro lado que a él no le cae bien?
- ¿Nos está hablando a nosotros o les está hablando solo a ellos?

Por tanto, procure mirar a todo el mundo que esté ahí. Hable con un oyente a la vez por un segundo o dos y pase de una persona a otra. No solo va a beneficiarlas a ellas, sino también a usted. Hacer eso lo ayudará a discernir si las personas se han conectado bien con usted y si lo siguen. Si menciona algo y ve que inclinan la cabeza, abren la boca y lo miran fijo con una expresión confusa en el rostro, esa reacción es un buen indicador de que necesita explicarlo un poco más o tal vez usar una ilustración para aclarar lo que dijo. Si usted ve que la audiencia se está quedando dormida, es posible que contar una historia lo ayude a conectarlos de nuevo.

63. Evite usar en el púlpito lenguaje corporal que distraiga.

«Señor, quisiéramos ver a Jesús».

JUAN 12:21

Cuando el pueblo de Dios viene al templo a una reunión de adoración, no viene a vernos a nosotros. Las personas llegan para adorar al Señor y escuchar su Palabra. Sabiendo esto, el predicador sabio tratará de hacerse lo más transparente posible, reduciendo al mínimo el comportamiento de distracción en el púlpito. Estas son algunas de las distracciones más comunes:

A. Parecer una estatua en el púlpito

Reducir al mínimo las distracciones no significa que usted permanezca allí parado, inmóvil. Haddon Robinson nos recuerda que «Dios diseñó el cuerpo humano para moverse. Si su congregación quiere mirar una estatua, pueden ir a un museo… Usted tiene que usar en la predicación la misma libertad de movimiento que suele dar a sus manos, brazos y cabeza en una conversación de persona a persona».[124]

B. Caminar de un lado a otro

Si usted usa para hablar un micrófono conectado al púlpito, tendrá que quedarse allí. Si utiliza un micrófono inalámbrico, recuerde que

---

[124] Haddon Robinson, *Biblical Preaching* [*La predicación bíblica*] (Grand Rapids, Mich.: Baker Book House, 1980), pp. 207-208. Publicado en español por Unilit.

moverse de un lado a otro se asocia a menudo con la preocupación o el nerviosismo.

C. Rascarse la cabeza

D. Jugar con el anillo de su dedo

E. Mirar al reloj

F. Agarrarse al púlpito con fuerza y no soltarlo

G. Hurgarse los dientes

H. Escarbarse la nariz

He visto hacer todas esas posturas —sí, incluso la última—. Sí, en el púlpito. Quizá su familia y amigos consideren que este tipo de cosas no sean muy molestas, pero, es obvio que todo eso puede significar una distracción en un lugar público.

Lo animo a ver algunas imágenes en vídeo de usted mismo tomadas mientras enseña. Esto puede servir de experiencia para aprender humildad, ¡pero bien vale la humillación! Verse aleteando los brazos por todo el estrado o rascándose la cabeza cuando usted dice «Umm», «Sabe», o «Así que» más veces de las que logra contar, puede llevarlo a mejoras inmediatas.

EL PREDICADOR DESPUÉS DEL SERMÓN

64. Rechace juzgarse a sí mismo por los elogios o la falta de estos.

«Los que no están de acuerdo con nosotros desahogan sus murmuraciones con sus esposas y amigos, lejos de nuestro oído».[125]

F. B. MEYER

Escuchar algunos comentarios positivos después de un estudio bien enseñado puede ser un gran estímulo. Pero si usted busca juzgar su habilidad para enseñar por los elogios (una retroalimentación alentadora) de las personas, usted se mete en una montaña rusa emocional. Las alabanzas de los hombres no son siempre una vara de medición fiable.

Los que se le acercan y procuran animarlo son a menudo personas que lo quieren. Es raro que los que pensaron...

[125] F. B. Meyer, *Jottings and Hints for Lay Preachers* (Londres: A. Melrose, 1903), p. 120.

- Su introducción fue confusa
- Fue un reto estar allí sentado y escucharlo
- Su historia para ilustrar un punto no parecía tener relación
- Su broma ofendió a algunas personas
- Su conclusión fue débil

… vengan y se lo digan. Muy rara vez, los que no están de acuerdo con usted o detectan un error o equivocación en su interpretación de un pasaje se le acercan y se lo dicen. E incluso cuando lo hacen, ellos a menudo todavía comentan: «¡Hoy lo ha hecho muy bien!», ya que no quieren desalentarlo.

Si pudiéramos escuchar algunos de los comentarios y quejas sobre nuestra predicación que hacen las personas en su regreso a casa, cuando los esposos y esposas dan rienda suelta a su frustración, probablemente caeríamos de rodillas y nos sentiríamos muy humillados.

Por tanto, tenga cuidado. No se complazca en los elogios que reciba, ni crea que ya es un buen predicador. Si usted se mira a sí mismo a través de los ojos de los que lo aman y lo felicitan por su buen trabajo de enseñanza, tendrá la tentación de sentirse orgulloso y satisfecho por su desempeño como predicador. Y si piensa que *es* un gran maestro, eso podría frustrar el deseo de mejorar.

También debe tener cuidado de no dar demasiada importancia a esos momentos cuando llegan las críticas o nadie le ofrece una palabra de aliento después de haber enseñado. Si reflexiona sobre esas situaciones demasiado tiempo va a sentirse más propenso a abandonar su puesto antes de tiempo, o a perder su valioso tiempo en mal humor o en depresión. Lo sé por experiencia.

Cuando empecé a enseñar un estudio bíblico semanal para un pequeño grupo de surfistas y sus amigas en Point Loma, California, en 1994, me sentí alentado por las palabras de aprecio de los que conversaban conmigo después. Y necesitaba ese estímulo. A decir verdad, yo pensaba que los estudios no eran muy buenos. Pero pronto, sin percatarme de ello, me convertí en alguien que *dependía* de la retroalimentación que recibía. Me di cuenta de esto cuando en 1997 me uní al equipo pastoral de la Iglesia Calvary Chapel, en Vista. En numerosas ocasiones, desde el principio, mientras enseñé al grupo de la universidad, no escuchaba de nadie ni una palabra de aliento después que había terminado. Pronto me puse a pensar: «*¡No tengo duda de que realmente soy un maestro horrible! Las personas, obviamente, no son bendecidas, ellas ni siquiera dicen nada*». Hubo momentos en los que estuve a punto de abandonar la enseñanza porque me abrumaba el desaliento.

Finalmente me di cuenta de que, para validar su ministerio, un predicador no debe buscar el aplauso de las personas. Debemos buscar el aplauso de los cielos. La única aprobación que realmente importa es la de Dios. Pablo exhortó a Timoteo: «Procura con diligencia presentarte a *Dios* aprobado [¿a quién?]» (2 Ti. 2:15). Eso es lo que importa: la aprobación de Dios. Por tanto, lo animo a que se formule las siguientes preguntas después de haber enseñado:

- ¿Qué pensará el *Señor* de mi predicación?
- ¿Qué es lo que a *Él* le agrada?
- ¿Soy aceptable para *Él* como predicador de su Palabra?

Busque contar con la aprobación de Dios para su predicación y no necesitará la de nadie más.

65. Encuentre a alguien que le ofrezca sugerencias y críticas constructivas.

«Pero cuando le oyeron Priscila y Aquila, le tomaron aparte y le expusieron más exactamente el camino de Dios».

HECHOS 18:26

El doctor Clarence Bass, profesor emérito del Seminario Teológico Betel, al principio de su ministerio, predicó en una iglesia en Los Ángeles. Pensó que lo había hecho bastante bien mientras permanecía parado a la puerta para saludar a la gente mientras salían del santuario. Los comentarios acerca de su predicación eran favorables. Es decir, hasta que un hombre mayor comentó: «Fue muy larga su predicación».

El profesor no se inmutó por el comentario, en especial a la luz de los muchos comentarios positivos. «Usted no predicó lo suficientemente fuerte», fue otro comentario negativo; y venía del mismo viejito.

Al doctor Bass le pareció extraño que el hombre hubiera llegado en la formación de la línea dos veces, pero cuando el mismo personaje llegó por la línea una tercera vez y exclamó: «Usted utiliza demasiadas palabras altisonantes», eso ya requería una explicación.

El doctor Bass se dirigió a un diácono que estaba cerca y le preguntó:

—¿Ve usted a ese viejito de allí? ¿Quién es?

—No le haga caso —respondió el diácono—. Lo único que hace es dar vueltas por aquí y repetir todo lo que oye.[126]

Por doloroso que pueda ser escuchar comentarios como esos, todos nos podemos beneficiar de tener a personas como Priscila y Aquila (Hch. 18:26), o Pablo (Gá. 2:11), que pueden ofrecernos una retroalimentación constructiva, sabia y amorosa sobre nuestra enseñanza. La retroalimentación que esas personas proporcionan a veces puede resultar desalentadora para los débiles de corazón, pero muy útil para el maestro que se da cuenta de que queda espacio para mejorar.

Es posible que usted no tenga que pedirle a nadie que le ayude con esto, como lo ilustra la historia anterior. Mucha gente a lo largo de los años se ha ofrecido con amor a darme retroalimentación no solicitada:

- «Tiene que ir más despacio».
- «Dio demasiada información para que pudiéramos tomar notas».
- «La circunferencia de la Tierra que usted dijo era en realidad el diámetro».
- «La referencia bíblica que citó estaba equivocada».
- «Su chiste ofendió a mi amigo».
- «Rousseau no se pronuncia de esa manera».

Ellos pueden acercarse a usted también. Y ¡alabado sea el Señor por ellos! Si nadie le hace una crítica constructiva, lo animo a preguntarle a una persona o dos (que sean maduras en el Señor y que usted piense que tienen criterios serios acerca de lo que es una buena predicación). Pídales que mantengan sus ojos y oídos abiertos mientras usted enseña para que sugieran maneras en que puede mejorar.

---

[126] *Pulpit and Bible Study Helps*, Vol. 16, #5, 1. http://bible.org/illustration/he-repeats-everything-he-hears.

Pregúnteles si ellos quisieran darle una retroalimentación constructiva e incluso crítica. Usted podría pedirles: «Confío en que con la ayuda de Dios yo pueda mejorar como maestro. Ciertamente pienso que hay espacio para el crecimiento. Me encantaría conseguir una retroalimentación constructiva y crítica de cómo ustedes piensan que yo podría mejorar. ¿Quieren ustedes orar y ayudarme de esta manera?».

Obviamente se requiere valor y humildad para pedir que alguien haga esto con nosotros. Si la persona responde «Sí», prepárese para recibir con buena actitud algunas críticas y probablemente comentarios acompañados de humor.

Hace un par de días expuse la Palabra en una iglesia en la que he enseñado en muchas ocasiones. Al terminar, una pareja mayor se me acercó y la mujer me comentó: «Me agrada que esté ahora incluyendo un poco de humor en sus mensajes. ¡Eso es nuevo! Me gusta eso».

Lo que parecía un cumplido —y lo era en realidad en un sentido— se sentía como una crítica graciosa. ¿Por qué? Siento que *siempre* he incluido algo de humor en mis mensajes. Pero según ella, sin embargo, esto era algo totalmente nuevo.

Luego, inmediatamente después de su retroalimentación, su marido añadió: «Y ahora usted está hablando más despacio. Usted solía ir muy rápido y nos daba mucha información; era difícil seguirlo a su ritmo. Aprecio el nuevo ritmo más lento».

Yo no sabía qué decir. Casi me reí a carcajadas con el contenido de estos cumplidos. Como era el caso con mi uso del humor, yo no creo que mi ritmo fuera diferente ese día a la forma en que había enseñado durante años. De cualquier modo, Dios bendiga a esta pareja. Sus elogios, con pequeñas críticas embutidas dentro, eran una bendición que recibía. Que el Señor traiga a su vida hermanos y hermanas como esos —personas dispuestas a compartir la verdad con amor acerca de su predicación—. Cada maestro puede beneficiarse por ellos.

66. Recuerde que su predicación continúa después de que se haya bajado del púlpito.

«Uno de cada cien hombres, leerá la Biblia, y los noventa y nueve leerán al cristiano».[127]

D. L. Moody

Hace muchos años visité una iglesia para un culto en la víspera de Navidad y en el camino vi en mi retrovisor que un auto salía de la línea de tráfico. Pensé: «¡Ese conductor va a matar a alguien!». Segundos más tarde, el conductor iba justo detrás de mí pegado a mi parachoques. Así que pisé el freno. No. Seguí conduciendo y ¡el otro conductor rápidamente maniobró para adelantarme! Mientras me rebasaba por mi izquierda, miré y ¡era el pastor de la iglesia hacia la que yo iba en camino para visitar!

No puedo recordar ninguna palabra de las que el pastor dijo esa noche, pero nunca olvidaré la manera en que conducía. Ahora bien, él obviamente iba a llegar tarde al templo. Y yo también a veces he conducido como un loco, y sospecho que usted también. Por tanto, no vamos a usar su conducta mientras conducía esa noche en contra de él; solo estoy señalando que los *hechos* de una persona permanecen con los demás mucho más que sus *palabras*.

Los mensajes que usted predica desde el púlpito se olvidarán pronto —sí, incluso si usted construye rimas con sus puntos principales—. Sin embargo, lo que usted predica con su forma de vivir lo recordarán sus oyentes durante toda la vida.

Amigo mío, viva la enseñanza de las Escrituras de una manera que honre a Dios fuera del edificio de la iglesia. Viva lo que enseña. Pedro exhortó: «Apacentad la grey de Dios… siendo *ejemplos* de la grey» (1 P. 5:2-3). El pueblo de Dios necesita ver lo que significa seguir a Jesús vién-

---

[127] Citado por Philip Yancey, *What's So Amazing About Grace?* [*Gracia divina versus condena humana*] (Grand Rapids, Mich.: Zondervan, 1997), p. 262. Publicado en español por Editorial Vida.

dolo en usted en la vida real. Sabiendo esto, Pablo le dijo a Timoteo y a nosotros por implicación: «Sé ejemplo de los creyentes en palabra, conducta, amor, espíritu, fe y pureza» (1 Ti. 4:12). Su vida puede y debe ser un gran ejemplo que otros puedan seguir.

67. Sea paciente mientras germina la Palabra de Dios.

«Dios le va a ocultar la mayor parte del fruto que Él produce a través de su ministerio. Usted verá lo suficiente como para estar seguro de su bendición, pero no tanto como para pensar que puede vivir sin ella. Porque Dios tiene como objetivo exaltarse a sí mismo, no al predicador».[128]

JOHN PIPER

Más de un joven maestro se ha preguntado por qué parece que no ocurre un gran cambio en la vida de aquellas personas a las que predica semana tras semana. Las personas continúan luchando contra los mismos pecados, problemas y preocupaciones. Continúan pareciendo espiritualmente aletargadas cuando es el momento de adorar o servir, incluso después de que usted ha expuesto mensajes sobre temas elegidos cuidadosamente exhortándolos a corregir esas mismas áreas.

Usted probablemente haya experimentado la misma sensación con algunos de sus oyentes. ¿Qué puede hacer como maestro? Sea paciente con las personas a medida que la Palabra de Dios hace su obra en ellas. Pablo exhortó: «Que prediques la palabra... con toda *paciencia* y doctrina [instrucción]» (2 Ti. 4:2).

Jesús comparó la Palabra de Dios con una semilla que da fruto (Mr. 4:14). Si alguna vez ha plantado semillas, sabe que toma tiempo que germinen y crezcan hacia la madurez, y produzcan fruto.

Así, pues, según vaya sembrando la Palabra, sea paciente. El fruto

---

[128] John Piper, *The Supremacy of God in Preaching* [*La supremacía de Dios en la predicación*] (Grand Rapids, Mich.: Baker Book House, 1990), p. 19. Publicado en español por Faro de Gracia.

nacerá (Is. 55:10-11). Su trabajo no es en vano (1 Co. 15:58; Gá. 6:9). La Palabra de Dios llevará a cabo su labor en los que creen (1 Ts. 2:13). Sabiendo esto, Charles Spurgeon dijo:

> Tome como regla que la verdad de Dios meditada con oración, expuesta en el temor del Señor y proclamada por un hombre en quien vive el Espíritu Santo producirá el fruto que le es natural... Sabemos que nuestro trabajo en el Señor no es en vano. Yo no vine a este púlpito con algún temor de que voy a predicar en vano. No se me ocurrió que tal cosa pudiera ocurrir.[129]

68. Pase tiempo con otros maestros.

«Subí a Jerusalén para ver a Pedro,
y permanecí con él quince días».
Gálatas 1:18

Si usted no sostiene una buena amistad con otros que predican la Palabra, ore para que Dios le provea algún buen amigo. Qué gran bendición es tener amigos que pueden...

- Ofrecerle consejo
- Orar por usted
- Animarlo
- Recomendarle buenos comentarios y libros
- Darle ideas sobre una variedad de asuntos: cómo manejan ellos las críticas, cómo lidian con pasajes difíciles de las Escrituras, etc.

También lo animo a estar atento para darse cuenta de otros maestros a los que *usted* puede fortalecer.

---

[129] Charles Spurgeon, «Causa y cura del cansancio en los maestros de escuela dominical», mensaje predicado el 8 de noviembre de 1877.

69. Expóngase a sí mismo a la predicación extraordinaria.

> *«Me da lástima el predicador que solo escucha a un predicador, en especial si él es ese único predicador».*[130]
>
> H. B. Charles

Una de las mejores maneras de aprender a predicar con excelencia es escuchar o leer los sermones de grandes predicadores. A continuación le hago una lista de algunos maestros reconocidos que podría considerar:[131]

- Donald Grey Barnhouse
- Alistair Begg
- James Montgomery Boice
- Brian Brodersen
- R. Kent Hughes
- Harry Ironside
- Martyn Lloyd-Jones
- John MacArthur
- J. Vernon McGee
- F. B. Meyer
- G. Campbell Morgan
- Alan Redpath
- Oswald Sanders
- Chuck Smith
- Charles Spurgeon
- Ray Stedman
- A. W. Tozer
- Warren Wiersbe

Muchos de los sermones de los hombres mencionados arriba están disponibles para leerlos o escucharlos en la Internet. No solo va a ser edificado al escuchar sus enseñanzas, sino que también aprenderá algunas lecciones importantes sobre la predicación.

---

[130] H. B. Charles, Jr., «How Did You Develop Your Style of Preaching?», http://www.hbcharlesjr.com/2012/07/24/how-did-you-develop-your-style-ofpreaching.

[131] La inclusión de estos personajes en esta lista no significa que estoy de acuerdo con todos los aspectos de su teología. Tengo pequeños desacuerdos con algunos de ellos en ciertos asuntos, pero, sin embargo, todavía hoy son considerados por muchos como grandes predicadores.

70. Resístase a imitar los gestos y dichos de los maestros populares; sea usted mismo.

«Los peores predicadores son aquellos que imitan a otros».[132]

CHARLES SPURGEON

Es muy fácil, sobre todo al principio de su vocación para enseñar, que reflexione sobre sí mismo y piense: «*Seamos sinceros. Yo no soy muy bueno en esto. Fulano de tal sí que es excelente. Creo que voy a tratar de imitarlo un poco. Me gusta la forma en que él enseña*».

Muchos maestros que se fijan demasiado en sí mismos y en sus propias deficiencias (¡me incluyo a mí mismo aquí!) han caído en la trampa de tratar de imitar a alguien a quien Dios ha bendecido como maestro.

Pero Dios creó a ese hombre para que fuera como es. Y Él le creó a usted para que sea usted. Si Él hubiera querido dos Juan Memorión, Roberto Gracioso, Esteban Griegoexperto o David Vozderadio, *habría creado dos de cada uno de ellos*. Pero no lo hizo. Solo hay uno de cada uno de ellos. Y usted es el único usted. Dios lo creó de forma exclusiva. Y Él lo ha colocado en el cuerpo de Cristo como Él quiso. Por tanto, procure ser *esa* persona, sea esa herramienta que Dios *creó* para que usted fuera. Sea lleno del Espíritu Santo.

Ahora bien, habiendo dicho esto, quiero señalar que existe una diferencia entre imitar el estilo, la personalidad, los gestos, la voz que son únicos de alguien e imitar el carácter o la fe de otra persona. Si usted valora a alguien por su alto aprecio por las Escrituras, por su compromiso para abordar pasajes difíciles de la Biblia, por su amor hacia las personas, etc., entonces, por supuesto, aprenda de él, siga sus pasos e imítelo. El escritor de la carta a los Hebreos exhorta: «Acordaos de vuestros pastores, que os hablaron la palabra de Dios; considerad cuál haya sido el resultado de su conducta, e *imitad su fe*» (He. 13:7). Pablo escribió: «Hermanos, *sed imitadores de mí*, y mirad a los que así se conducen según el ejemplo que tenéis en nosotros» (Fil. 3:17). Así que hay un lugar para la imitación.

---

[132] Charles Spurgeon, «Levantemos a Cristo», sermón predicado el 5 de julio de 1857.

La imitación por la que argumento en contra es la imitación de expresiones particulares, gestos y ademanes, estilo de hablar, inflexiones de voz, etc. La imitación de este tipo se puede notar a un kilómetro de distancia. El peligro de practicar este tipo de imitación (deliberada o no) es que va a dificultar la capacidad de algunas personas para recibir la verdad que usted enseña. Algunos pensarán: «Este tipo está tratando de parecer como (su profesor favorito). ¡Qué farsa! No está siendo genuino con nosotros. Me pregunto ¿qué otra cosa es falsa de este tipo?».

Obviamente, no queremos que eso suceda. Por tanto, sea usted mismo. Confíe en lo que Dios lo creó para ser. ¡Sea lleno del Espíritu Santo!

71. Recuerde que el éxito de la predicación se halla en agradar a Dios, no en alcanzar grandes cifras.

«Haga lo correcto, y cuando lo haya hecho,
deje lo demás en las manos de Dios».[133]

C. S. Lewis

Un hombre joven acababa de convertirse en pastor de una gran iglesia. En la recepción que le dieron, una chismosa, una mujer con una lengua peligrosa, se acercó y comentó: «No entiendo cómo se ha atrevido a intentar cumplir la tarea de complacer a setecientas personas». A lo que el pastor respondió con rapidez: «No he venido a esta ciudad para complacer a setecientas personas. Solo tengo que complacer a Uno y si yo lo agrado a Él, todo irá bien».[134] Agradar a Dios y confiarle a Él los resultados son palabras muy sabias.

Muchos maestros de la Palabra de Dios se desaniman si sus iglesias o grupos de estudio bíblico no crecen de manera constante en lo que ellos piensan que son reuniones de tamaño sano. Se pueden sentir tentados

---

[133] C. S. Lewis, *The Collected Letters of C. S. Lewis*, Vol. 2 (Londres: HarperCollins, 2004), p. 174.

[134] *Illustrations of Bible Truths*, compiladas por Ruth Peters, QuickVerse.

a pensar: «Seguro que no he sido llamado a enseñar. Llevo enseñando desde hace cinco años y solo asisten 75 personas a nuestras reuniones».

Esta es una conclusión que han sacado muchos pastores. Pero el tamaño de una congregación no es un indicador fiable para discernir si Dios llamó o no a una persona para enseñar.

- Algunos de los maestros de «la palabra de fe», que enseñan toda clase de herejías, tienen iglesias muy numerosas.
- La iglesia mormona crece a pasos agigantados.
- Jeremías predicó durante 40 años y al parecer solo dos personas se convirtieron: Baruc, su escriba (Jer. 32:12; 36:1-4; 45:1-5) y Ebed-melec, un eunuco etíope que servía al rey (38:7-13; 39:15-18).
- Noé predicó (2 P. 2:5) durante 120 años (Gn. 6:3) y solo unos pocos entraron en el arca con él. El éxito no consiste en alcanzar grandes números. El éxito en la predicación tiene que ver con la fidelidad.

El éxito radica en agradar al Señor. Pablo señaló: «así hablamos; no como para agradar a los hombres, sino a *Dios*, que prueba nuestros corazones» (1 Ts. 2:4). En otra parte, él escribió: «Por tanto procuramos también, o ausentes o presentes, *serle agradables*. Porque es necesario que todos nosotros comparezcamos ante el tribunal de Cristo» (2 Co. 5:9-10). Esa debería ser su ambición en el ministerio: «*Agradar a Dios*».

Haga eso y luego deje el alcance de su impacto (los números que logra) en las manos del Señor. Jesús anunció: «[*Yo*] edificaré mi iglesia» (Mt. 16:18). El crecimiento de la iglesia es responsabilidad de Cristo. La suya es agradarlo.

72. Dese cuenta de que posiblemente nunca sentirá que ha llegado a ser un maestro y, si así lo sintiera, es probable que ya sea hora de retirarse.

«Porque mi poder se perfecciona en la debilidad».

2 Corintios 12:9

G. Campbell Morgan contó una vez que cuando él se dirigía al púlpito cada domingo, Isaías 53:7 venía repetidas veces a su mente: «Como cordero fue llevado al matadero».[135] Enseñar la Palabra de Dios a los demás es una experiencia aleccionadora de humildad. Me he encontrado en numerosas ocasiones, antes de pasar a enseñar, formulando al Señor la misma pregunta que planteó el apóstol Pablo: «Para estas cosas, ¿quién es suficiente?» (2 Co. 2:16).

Le aseguro que si se siente *insuficiente* para enseñar la Palabra de Dios —incluso después de diez años de enseñarla de forma continua— no se asuste. Es probable que vaya a sentirse de esa misma manera dentro de veinte años.

Muchos hombres que han estado predicando veinte o más años todavía miran sus notas antes de acercarse al púlpito y reconocen: «*¡Dios mío, cuán débil es esto!*». Y cuando han terminado la enseñanza, su evaluación del estudio no siempre mejora. Charles Spurgeon confesó: «Hace mucho tiempo que no me siento satisfecho con la prédica de uno de mis sermones. Apenas recuerdo que me haya sentido así alguna vez».[136] No es raro que los predicadores veteranos bajen del púlpito sintiendo como si…

- La Palabra podía haberse predicado mejor
- El Señor se merece que lo haga mejor
- El pueblo de Dios necesita algo mejor

Sentirse de esa manera no significa que Dios no lo haya llamado a enseñar. Estoy de acuerdo con lo que advirtió Spurgeon: «Un sermón por el que ha llorado es más aceptable para Dios que uno por el que se vanagloria».[137] Y continúa en otro lugar:

> Todo verdadero ministro va a sentir que es deficiente. Se comparará a sí mismo con hombres como George Whitfield, y con

[135] Stephen y David Olford, *Anointed Expository Preaching* [*Guía de predicación expositiva*] (Nashville, Tenn.: Broadman & Holman Publishers, 1998), p. 239. Publicado en español por Broadman & Holman Español.

[136] Charles Spurgeon, «Fervor bueno por el gran éxito», sermón predicado el 13 de enero de 1868.

[137] Charles Spurgeon, «Un sermón de un hombre llano», sermón predicado el 17 de enero de 1886.

> predicadores como los de los tiempos puritanos, y se preguntará: ¿Qué soy yo? Como un enano al lado de un gigante, como un hormiguero al lado de una montaña. Cuando se retira a descansar después de haber observado el día del Señor, no parará de dar vueltas en la cama, porque siente que no ha estado a la altura, que no ha tenido ese fervor, esa solemnidad, esa intensidad de propósito que es propia de su posición. Se acusará a sí mismo de no haber insistido lo suficiente en ese punto, o de haber rechazado otro, o de no haber sido lo suficientemente explícito sobre un aspecto determinado, o haber ampliado otro demasiado. Verá sus propias faltas, porque Dios siempre disciplina a los suyos.[138]

Esa sensación de deficiencia, mientras reflexiona sobre sí mismo y su predicación, es algo que el Señor usará para mantenerlo humilde y dependiente de Él. Si Dios le bendijera con la confianza y la habilidad suprema de enseñar que tanto anhela, es probable que se convertirían para usted en una maldición, porque sin duda se llenaría de orgullo. Y, como bien sabe: «Antes del *quebrantamiento* es la soberbia, y antes de la caída la altivez de espíritu» (Pr. 16:18).

73. Cuide su relación con el Señor.

«Sobre toda cosa guardada, guarda tu corazón;
porque de él mana la vida».
PROVERBIOS 4:23

Una de las mejores cosas que puede hacer por su ministerio de enseñanza es cuidar de su propia relación con el Señor. Jesús señaló: «Porque de la abundancia del corazón habla la boca» (Mt. 12:34). Si su corazón arde por el Señor, se notará en su predicación.

Tristemente, muchos pastores y maestros que empiezan con un amor ferviente por el Señor permiten que las preocupaciones del ministerio y del mundo ahoguen poco a poco ese amor. Están siempre metidos en el ajetreo del ministerio. Amigo, ¡no permita que eso le suceda a usted!

---

[138] Charles Spurgeon, «Predique el evangelio», sermón predicado el 5 de agosto de 1855.

Pero quizá eso explique cuál sea *ya* su situación. Se ha convertido en una máquina de hacer sermones, pero en su corazón solo queda un destello de amor por Jesús. Se afana y persevera en el ministerio, pero ha permitido que su primer amor se enfríe. Ha caído en la misma trampa que los creyentes de Éfeso. Jesús advirtió a esa iglesia: «Yo conozco tus *obras*, y tu *arduo trabajo* y *paciencia*… Pero tengo contra ti que has dejado tu primer amor» (Ap. 2:2, 4). Estaban ocupados en el ministerio, pero Jesús ya no era su amor supremo. Había ministerio *en el nombre* de Dios, pero sin un amor apasionado *por* Dios.

¿Ha pasado eso en su vida? Si es así, quiero animarlo a que reduzca el ritmo de trabajo o incluso a que tome unas vacaciones. Tal vez usted necesite un mes o un año sabático para acercarse al Señor, ayunar, orar, leer la Biblia —no para preparar un sermón— sino devocionalmente, para permitir que Dios lo fortalezca y vivifique. Y Él lo hará.[139]

> Porque así dijo el Alto y Sublime, el que habita la eternidad, y cuyo nombre es el Santo: Yo habito en la altura y la santidad, y con el quebrantado y humilde de espíritu, para hacer vivir el espíritu de los humildes, y para *vivificar* el corazón de los quebrantados (Is. 57:15).

«Pero ¿quién va a alimentar el rebaño?», pregunta usted. Puede invitar a otros compañeros de ministerio a que prediquen por usted. Si usted es un pastor principal, es posible que tenga pastores asistentes que puedan ayudarlo. Haga lo que haga, asegúrese de que su prioridad número uno sea el avivamiento personal.

Tal vez esto no describa su situación. Su amor por el Señor está rebosando. Su tiempo privado con Dios es rico. Se deleita en adorarlo. Su corazón arde por el Señor. Pero le recuerdo las exhortaciones de Pablo:

> Por tanto, mirad por vosotros… Ten cuidado de ti mismo y de la doctrina; persiste en ello, pues haciendo esto, te salvarás a ti mismo y a los que te oyeren (Hch. 20:28; 1 Ti. 4:16).

---

[139] Kent Hughes, reconocido pastor y comentarista de la Biblia, concedía a todos los pastores de su iglesia un periodo sabático de seis meses por cada siete años de servicio (*Preach the Word: Essays on Expository Preaching in Honor of R. Kent Hughes* [Wheaton, Ill.: Crossway Books, 2007], p. 277). Creo que hay mucha sabiduría en esa práctica.

¡Tenga cuidado de sí mismo! Proteja su relación con el Señor. Cuide su tiempo privado con Él.

En armonía con las palabras de Pablo citadas arriba, Richard Baxter dio esta exhortación a los predicadores de su tiempo:

> Hermanos, velen por su propio corazón. Aléjense de las pasiones pecaminosas y de las inclinaciones mundanas. Mantengan fuerte la vida de fe y de amor. Estén en armonía con Dios. Dejen que la preocupación de su día sea estudiar su propio corazón, someter la corrupción, y vivir dependiendo de Dios. Si no, entonces todo el trabajo que usted atiende constantemente no prosperará, y sus oyentes morirán de hambre.[140]

Muchos hombres no han prestado atención a este sabio consejo bíblico y, tristemente, sus vidas y ministerios se han marchitado o, peor, su fe ha naufragado.

---

[140] Aparece citado por Wallace Benn en *Preach the Word: Essays on Expository Preaching in Honor of R. Kent Hughes* (Wheaton, Ill.: Crossway Books, 2007), p. 132.

LAS HERRAMIENTAS Y RECURSOS TECNOLÓGICOS DEL PREDICADOR

74. Invierta en una buena biblioteca, si se lo permiten sus finanzas.

«Disfruto de mi biblioteca. Cada libro es como un amigo con el que converso y que me enseña».[141]

WARREN WIERSBE

Pablo escribió a Timoteo y le pidió: «Trae, cuando vengas, el capote que dejé en Troas en casa de Carpo, y los *libros*, mayormente los pergaminos» (2 Ti. 4:13). Los libros eran importantes para Pablo y deben serlo también para el estudiante serio de la Biblia.

Dios ha dotado a ciertas personas en la iglesia para enseñar a otros (Ef. 4:11-13). Y gracias a Dios que no solo han enseñado a sus congregaciones locales o estudiantes en el seminario, han escrito sus

[141] Warren Wiersbe, *A Basic Library for Bible Students* (Grand Rapids, Mich.: Baker Book House, 1980), p. 8.

pensamientos y comentarios sobre la Biblia en forma de libro para nuestro beneficio.

Poseer buenos libros, comentarios sobre la Biblia, enciclopedias bíblicas, libros sobre teología sistemática, profecía, dificultades de la Biblia, etc., le permitirá consultar a los expertos en cualquier momento y recibir instrucción, confirmación y corrección sobre una gran variedad de temas o pasajes de las Escrituras. Muchos de estos recursos aparecen combinados en programas electrónicos de estudio de la Biblia y se ofrecen a precios reducidos, lo que me lleva a mi siguiente exhortación.

75. Benefíciese del *software* de estudio bíblico.

«Lo que antes solía llevarme meses pasando páginas lo puedo lograr ahora rápidamente con el clic de un ratón».[142]

David Jeremiah

Existen buenos programas de estudio de la Biblia disponibles para descargar en su computadora, tableta o teléfono, que están llenos de buenos comentarios, concordancias, diccionarios, enciclopedias, léxicos de hebreo y griego, mapas, fotos, ilustraciones, etc. Estos programas le permiten ahorrar muchísimo tiempo cuando está preparando un estudio o mensaje. Con unos pocos clics puede localizar un versículo y abrir dos o tres comentarios para ver lo que dicen sobre ese versículo en particular.

He probado unos cuantos de esos diferentes programas disponibles. Yo prefiero usar el «PC Study Bible»[143] cuando trabajo en mi computadora. Cuando uso mi Mac o iPad, prefiero usar Logos[144] o el «Olive Tree Bible Study App».[145] He oído también que Accordance[146] para Mac es muy bueno.

Si usted no está en condiciones de adquirir esos *programas*, existen

---

142 Logos.com/endorsements.
143 BibleSoft.com.
144 Logos.com.
145 OliveTree.com.
146 AccordanceBible.com.

algunos sitios excelentes en la web que proporcionan una gran cantidad de ayudas *gratuitas* para el estudio de la Biblia. Busque: Biblos.com (con recursos en español), BibleStudytools.com, BlueLetterBible.org, EnduringWord.com (los tres últimos están disponibles solo en inglés).

76. Grabe sus enseñanzas.

«Se escribirá esto para la generación venidera, y el pueblo que está por nacer alabará a JAH».

Salmo 102:18

¿No está contento de que Dios se preocupara de dejar la Biblia escrita pensando en nosotros? Anotar las palabras de las Escrituras en papel (papiro, pergamino, etc.) ayudó a asegurar la permanencia y la exactitud de las palabras para que las generaciones futuras, como la nuestra, pudieran conocer y caminar en la verdad. Le sugiero que usted haga lo mismo.

Además de conservar en papel, o en su computadora, sus notas para la enseñanza, también lo animo a grabar el audio de sus enseñanzas. Grabar sus mensajes, incluso si usted piensa que su mamá puede ser la única que va a escucharlos, es bueno por lo menos por tres razones:

A. La grabación le servirá como una futura ayuda de estudio.

Es probable que en seis meses ya no recuerde su estudio. Pero bien puede suceder que pasado un tiempo usted tenga la oportunidad de enseñarlo de nuevo en otro lugar. Si tiene una grabación del mismo, puede volver a escucharla y refrescar la memoria. Usted podría argüir: «Pero, Charlie, tengo mis notas y puedo repasarlas». Lo animo a que lo haga, pero surgirán ideas que dirá cuando lo enseñe que *no* aparecen en sus notas, y, en lo personal, creo que algunas de esas ideas merecen ser recordadas y pensadas en oración para ver si las incorpora a las futuras ediciones de ese mismo estudio.

B. Escucharse a sí mismo enseñando lo ayudará a descubrir formas de mejorar su oratoria.

Entre otras cosas, escucharse a sí mismo unas pocas veces con un oído analítico lo ayudará a darse cuenta de cuántas *muletillas* y *exclamaciones innecesarias* utiliza. Reconocer su existencia es el primer paso para corregirlas. Si usted nunca se ha escuchado a sí mismo enseñar, le advierto que puede ser bastante desalentador, pero es una buena manera de descubrir dónde puede mejorar. Por tanto, escúchese, llore y lamente, y luego pida a Dios que lo ayude a mejorar.

C. Su enseñanza puede llegar más allá de sus oyentes originales.

Si los oyentes saben que se grabó el mensaje, puede que le pidan copias de la enseñanza para sus amigos, familiares, compañeros de trabajo, etc. Una grabación permite que la Palabra de Dios llegue más allá del escenario inicial donde se predicó primero.

77. Si usa PowerPoint o Keynote, utilícelos con sensatez.

«Mirad las aves del cielo… Considerad los lirios del campo».

Mateo 6:26, 28

Me di cuenta hace muchos años de que, cuando enseñaba, mostraba a las personas grandes fotografías en color, de alta resolución de…

- el lago de Galilea
- un mapa de Israel
- ruinas del teatro de Éfeso
- un descubrimiento arqueológico
- el interior de una célula

… causaba una impresión mucho más fuerte y duradera en ellos que solo hablar de esas cosas. Empecé a hacerlo y de inmediato comencé a recibir comentarios positivos de las personas.

Al parecer, Jesús y otros maestros del Nuevo Testamento conocían el valor de las ayudas visuales. Jesús a menudo ilustró con: «Mirad la higuera» o «Considerad los lirios del campo» (Lc. 21:29; Mt. 6:28). Santiago invitó: «Mirad también las naves» (Stg. 3:4). Las ayudas visuales pueden ayudar a hacer que una lección sea más fácil de entender y de recordar. Como se ha repetido muchas veces: «Una imagen vale más que mil palabras».

Sabiendo esto, muchos predicadores hoy día aprovechan las ventajas de las presentaciones mediante PowerPoint o Keynote. No recomiendo que cada maestro haga esto. La búsqueda de fotografías y la creación de una presentación de diapositivas puede ocupar un tiempo valioso que podría usarse mejor en el estudio, en la preparación del sermón, en orar o visitar a las personas de su congregación.

Si usted decide usar las ayudas visuales, tome en cuenta las siguientes directrices importantes:

A. Asegúrese de que las personas puedan leer sus diapositivas.

Un error muy común que la gente comete al usar el PowerPoint es meter demasiadas palabras en una sola diapositiva. Las diapositivas no solo terminan demasiado llenas, sino que además las personas sentadas de la mitad hacia atrás del salón no alcanzan a leer el texto pequeño. Por tanto, utilice un tipo de letra lo suficientemente grande como para que todos puedan leerla. Divida las citas largas en dos o tres diapositivas en vez de embutir toda la cita en una sola.

B. Permita que el texto de la diapositiva tenga suficiente espacio.

No extienda el texto hasta el mismo borde de la pantalla. Veo que esto sucede con frecuencia. Eso no luce bien. Hay una buena razón por la que todos los editores en el mundo dejan un margen en blanco alrededor del texto en los libros que publican. Siga su ejemplo y deje suficiente margen alrededor de sus palabras (observe el dibujo de arriba. Mantenga el texto en la zona gris). Si usted no aplica esto, las diapositivas se van a ver muy llenas.

C. No sea tan creativo que las diapositivas se conviertan en una distracción.

No ponga un versículo bíblico o un punto importante en una diapositiva que tiene imágenes en movimiento que se arremolinan alrededor (p. ej., olas en la playa, planetas girando por los cielos). La gente va a prestar atención a la parte móvil de la diapositiva en vez de leer el texto. Entonces, van a empezar a preguntarse: «¿Qué playa es esa?» o «¿Qué planeta es ese?», en vez de meditar en lo que el texto tiene que decir.

D. Ponga las palabras en la parte superior de un fondo limpio.

Colocar el texto sobre una fotografía de árboles, nubes, edificios, etc., hace que sea difícil de leer para la gente. Eche un vistazo a su revista favorita. Se dará cuenta de que los buenos artistas gráficos siempre tratan de ubicar el texto sobre una parte de la fotografía que está despejada (p. ej., un lago cristalino, cielo limpio). Si su foto no tiene un área libre para hacer esto, recorte la foto y ponga su texto contra el fondo limpio de la diapositiva.

E. No use colores que choquen entre sí.

He visto algunas presentaciones en las que el que habla utiliza tipos de letra en amarillo y rojo... en la *misma* diapositiva. No soy un experto, pero no creo que esos sean colores convenientes para utilizar, sobre todo en la misma diapositiva. ¿Qué libro o revista ha leído que utiliza tipos de letra de color rojo o amarillo? Probablemente ninguno. Así que, como regla general, no use más de dos tipos diferentes en una presentación. Y tenga preferencia por tipos en blanco o negro. Hay una razón por la que los editores se adhieren a estos colores. Son más fáciles de leer y no lastiman los ojos.

F. Utilice imágenes de alta calidad.

La gente hoy día está acostumbrada a gráficos de calidad en sus televisores, computadoras y tabletas de alta definición. El mundo de alta tecnología ha elevado el listón de lo que es aceptable en el mundo de las artes gráficas. Por tanto, nunca use imágenes borrosas de baja calidad en su presentación. No necesita hacerlo. Usted puede encontrar gratis fotografías de alta resolución que están en dominio público:

- SXC.hu en español
- Commons.Wikimedia.org

Por poco dinero usted puede encontrar fotografías de Israel, lugares bíblicos arqueológicos, Biblias, personas, etc., en...

- Dreamstime.com
- DepositPhotos.com
- BiblePlaces.com
- Istock.com

G. Siempre que sea posible, evite extender una imagen tanto que las proporciones originales queden asimétricas.

Más de un presentador ha pensado: «Esta fotografía resulta pequeña. Voy a extenderla un poco. ¡Eso es!». Le sugiero que no lo haga pues al final la fotografía se ve rara, como casi siempre sucede con fotografías de personas.

78. Mantenga un buen sistema de archivo de ilustraciones y otra información de valor.

«Las palabras de los sabios son como aguijones; y como clavos hincados son las de los maestros de las congregaciones, dadas por un Pastor».

ECLESIASTÉS 12:11

Si usted va a estar enseñando de forma regular, le recomiendo mucho que organice dos sistemas de archivo de ilustraciones, uno en su computadora y otro en un archivador.

A. Ilustraciones en su computadora

Colocar las ilustraciones en su computadora lo ayudará obviamente a que su recuperación sea mucho más fácil que buscar en libros, en la Internet, etc. Así es como yo lo hago. En mi carpeta «Documentos» he creado una carpeta llamada «Estudios bíblicos». Luego, dentro de esa carpeta he creado varias subcarpetas:

- Libros del Antiguo Testamento
- Libros del Nuevo Testamento

- Mensajes temáticos
- Ilustraciones
- Mensajes de domingo de Resurrección
- Mensajes de Navidad
- Etc.

En esta carpeta de «Ilustraciones» guardo todas mis ilustraciones. Cuando encuentro una buena historia, cita, anécdota, o se me ocurre una buena ilustración sobre el «perdón» o la «mentira», la escribo en un nuevo documento en blanco (o uno ya existente, si ya tengo otras ilustraciones sobre ese tema). Entonces puedo guardar el documento con el título apropiado «Perdón» o «Mentira». Cuando me encuentro con otra ilustración sobre el mismo tema, la incluyo en el mismo documento separado por una línea.

Cuando un año más tarde necesito una ilustración sobre el perdón o la mentira, abro mi carpeta de «Ilustraciones» y allí las encuentro, ordenadas por orden alfabético, listas para que las use, mucho después de que yo las haya olvidado.

En las ilustraciones más largas añado un resumen de una frase de modo que cuando necesite revisarlas meses más tarde pueda hacerlo con rapidez sin tener que perder tiempo leyendo cada una de ellas. Esto quizá parezca que exige mucho tiempo, pero hacer esto —estar organizado— *ahorra* en realidad un montón de tiempo cuando se presenta la necesidad de una ilustración en particular.

B. Ilustraciones en su archivador físico

Además de usar la computadora, también sugiero que en un archivador incluya carpetas con artículos, fotocopias y otras informaciones de interés que vaya encontrando a lo largo del año.

Antes de descartar una revista, corto todo aquello que me llama la atención y me parece un buen material ilustrativo. Suelo escribir rápidamente en la página un breve resumen de unas pocas palabras con un marcador de texto negro y lo guardo para un uso futuro. Piense en la posibilidad de hacer esto también.

CONCLUSIÓN

Hemos abarcado mucho terreno en este libro. Espero que haya encontrado útiles las sugerencias, ideas, exhortaciones y palabras de aliento para su deseo de crecer como maestro. Obviamente mucho más podría decirse sobre este importante tema. Con esto en mente, al final del libro he incluido una lista de recursos que le recomiendo. Antes de concluir, me gustaría orar por usted.

> Padre Celestial, Creador de las galaxias, demasiado numerosas para contarlas, gracias por tu Palabra. Gracias por la vida, vida abundante, y por la oportunidad no solo de conocerte ahora y por toda la eternidad, sino de darte a conocer a los demás mediante la predicación de tu Palabra. ¡Qué bendición! Padre, te doy gracias por la persona que tiene este libro en sus manos. Tú la has creado. Tú la amas. Tienes grandes planes para ella. Te ruego Señor que tomes las palabras que ha leído y reflexionado en estas páginas y las santifiques. Te pido Señor que por tu Espíritu la ayudes a atesorar, recordar y poner en práctica todo lo que es bueno y agradable delante de tus ojos. Y te ruego que elimines todo lo que pudiera impedirle convertirse en la clase de maestro que tú deseas que él sea. Tú has visto las cosas que él ha subrayado en este libro, tú sabes las secciones donde su

corazón se conmovió por medio del Espíritu Santo. Continúa trabajando en las áreas en las que él podría seguir creciendo y madurando como un predicador fiel y fructífero de tu verdad. Ignoro hacia dónde estás guiando al lector o dónde lo tienes ahora, pero donde quiera que vaya mientras te sigue, te pido que tú lo bendigas y lo fortalezcas. Ayúdalo a vivir una vida santa, a pelear la buena batalla, a saber evitar las trampas de Satanás, a mantener su mano en el arado y sus ojos en Jesús. Así, pues, Señor, acércalo a ti. Bendice su tiempo de meditación en tu Palabra. Que tu Espíritu diariamente lo instruya y nutra su alma, y haz que sobreabunde su amor por ti, por las personas y por la verdad. Te pido todo esto en el nombre sobre todo nombre, en el nombre de nuestro gran Dios y Salvador, Jesucristo. Amén.

Apreciaré y agradeceré sus pensamientos...

Me encantaría escuchar sus comentarios, así como sus pensamientos e ideas para mejorar futuras impresiones.

Escríbame a: **Info@AlwaysBeReady.com**

APÉNDICE

LISTA DE CHEQUEO PARA EVALUAR EL SERMÓN

Hace muchos años enseñé una clase sobre predicación en la Escuela de Ministerio de la Iglesia Calvary Chapel, en Vista, California. La llamé la clase de «Homilética» como cualquier buen seminario suele hacer. La primera vez que la ofrecimos, casi nadie se inscribió. El nombre de la clase parece que confundió o intimidó a la gente, a pesar de que el catálogo de cursos describía bien lo que la clase ofrecía. La segunda y siguientes veces que ofrecimos la clase la llamamos «Laboratorio de Predicación» y la asistencia fue mucho más numerosa.

Siempre dedicábamos las últimas semanas a que los alumnos prepararan mensajes y los predicaran a sus compañeros de clase. Mi deseo era darles instrucciones sobre la predicación y alguna experiencia real de cómo hacerlo. Cuando el estudiante terminaba su exposición, los demás le ofrecíamos retroalimentación alentadora y consejos constructivos.

Con el fin de ayudar a los que escuchaban los sermones a ordenar sus pensamientos y comentarios, preparé una lista de preguntas para que las contestaran mientras escuchaban la exposición. Incluyo esas preguntas aquí —no para que califique a su pastor mientras enseña— sino para que pueda, si es que así lo decide, volver a revisar cualquiera de sus propias enseñanzas para buscar áreas en las que puede mejorar. Otro posible uso de esta lista de preguntas sería ponerla en las manos de una persona que usted desea que evalúe su enseñanza.

1. ¿Hubo una oración de apertura?
2. ¿Ofreció una introducción interesante, corta y clara?
3. ¿El maestro pidió a los oyentes que abrieran sus Biblias y siguieran la lectura?
4. ¿Analizó y explicó el texto debidamente?
5. ¿Respondió las preguntas quién, qué, por qué, dónde, cómo y cuándo?
6. ¿Fluía el mensaje sin dificultad?
7. ¿Mantuvo un buen contacto visual?
8. ¿Las ilustraciones fueron claras? ¿Necesarias? ¿Beneficiosas?
9. ¿El mensaje fue sólidamente bíblico? ¿Vio que algunos versículos o pasaje se usaron incorrectamente?
10. ¿Le pareció que el expositor creía de verdad en lo que estaba enseñando?
11. ¿Habló directamente a los oyentes usando la palabra «usted»?
12. ¿En su opinión, fue glorificado Dios?
13. ¿Hubo un llamamiento o reto para creer y obedecer la Palabra?
14. ¿Ofreció ideas acerca de cómo el pasaje podría aplicarse a los oyentes?
15. ¿Mencionó la gracia de Dios o el poder del Espíritu Santo junto con los mandatos para obedecer?
16. ¿Contextualizó las verdades bíblicas en el presente o las dejó en el pasado?
17. ¿El mensaje conducía a las personas a Jesús?
18. ¿El mensaje fue convincente o persuasivo?
19. ¿El mensaje edificó, consoló y exhortó (1 Co. 14:3)?
20. ¿Fue predicado el evangelio?
21. ¿Concluyó con fuerza?
22. ¿La duración del sermón debió haber sido más corta o más larga?
23. ¿Le pareció que el maestro estaba bien preparado?

24. ¿Saltó a la vista algo del lenguaje corporal que distraía la atención?
25. ¿Qué le gustó del mensaje y de su predicación?
26. ¿Qué sugeriría al maestro para ayudarlo a mejorar?

RECURSOS *recomendados*

En español:

Baxter, Richard. *El pastor renovado*. Edimburgo, Escocia: Estandarte de la Verdad, 2009.

Lloyd-Jones, David Martyn. *La predicación y los predicadores*. Moral de Calatrava: Peregrino, 2003.

MacArthur, John. *La predicación: Cómo predicar bíblicamente*. Nashville, Tenn.: Grupo Nelson, 2009.

Mohler, Albert. *Proclame la verdad: Predique en un mundo postmoderno*. Grand Rapids, Mich.: Editorial Portavoz, 2010.

Morgan, G. Campbell. *El ministerio de la predicación*. Terrassa: Clie, 1984.

Olford, Stephen y David. *Guía de predicación expositiva*. Nashville, Tenn.: Broadman & Holman Español, 2005.

Piper, John. *La supremacía de Dios en la predicación*. Graham, NC: Publicaciones Faro de Gracia, 2010.

Robinson, Haddon. *La predicación bíblica*. Miami: Editorial Unilit, 2000.

Spurgeon, Charles. *Discursos a mis estudiantes*. El Paso, TX: Casa Bautista de Publicaciones, 2003.

Stott, John. *La predicación: Puente entre dos mundos*. Grand Rapids, Mich.: Libros Desafío, 2000.

En inglés:

Begg, Alistair. *Preaching for God's Glory.* Wheaton, Ill.: Crossway Books, 2010.

Chapell, Bryan. *Christ-Centered Preaching.* Grand Rapids, Mich.: Baker Books, 1994.

Edwards, J. Kent. *Deep Preaching: Creating Sermons that Go Beyond the Superficial.* Nashville, Tenn.: Broadman & Holman Academic, 2009.

Meyer, F. B. *Jottings and Hints for Lay Preachers.* Londres: A. Melrose, 1903.

Ryken, Leland y Todd Wilson (eds.). *Preach the Word: Essays on expository preaching in honor of R. Kent Hughes.* Wheaton, Ill.: Crossway Books, 2007.

Wiersbe, Warren y David. *The Elements of Preaching.* Wheaton, Ill.: Tyndale House Publishers, 1986.

Acerca del autor

CHARLIE H. CAMPBELL

Charlie Campbell es el director del *Always Be Ready Apologetics Ministry*. Es un pastor ordenado, autor y orador invitado muy popular en las iglesias de los Estados Unidos de Norteamérica, y lleva a cabo con regularidad estudios sobre una amplia variedad de temas relacionados con la fe cristiana. Sus libros y audiovisuales han sido avalados por...

- Charles Colson
- Norman Geisler
- Chuck Smith
- Ed Hindson
- Nancy Leigh DeMoss

Antes de desempeñar su posición actual, sirvió como Director de la Escuela de Ministerio de la Iglesia Calvary Chapel, en Vista, California, donde enseñó cursos sobre teología sistemática, apologética, religiones comparadas, sectas, escatología, hermenéutica, homilética y evangelización (1997-2006). Actualmente reside en el sur de California con su esposa y cinco hijos.

Website: AlwaysBeReady.com
Email: info@alwaysbeready.com
Twitter: @CharlieABReady
Instagram: Charlie_H_Campbell

También por
CHARLIE CAMPBELL

ISBN: 978-0-8254-1943-0

¿Es la Biblia un libro de mitología?

¿Son las personas, los lugares y los sucesos en la Biblia invenciones por parte de hombres mentirosos?

Muchos críticos del cristianismo dicen que *sí*, pero los descubrimientos arqueológicos dicen que *no*. Durante los últimos 150 años, los arqueólogos han estado comprobando la veracidad exacta del registro detallado en la Biblia de diversos sucesos, costumbres, personas, ciudades, naciones y ubicaciones geográficas. En este libro a todo color, Charlie Campbell analiza docenas de fascinantes descubrimientos —tanto antiguos como nuevos— que han derrumbado las teorías de los críticos de la Biblia y han ayudado a confirmar la fiabilidad histórica de las Escrituras.

Si usted tiene preguntas o dudas sobre la fiabilidad de la Biblia, este libro le será de gran ayuda.

EDITORIAL
PORTAVOZ

NUESTRA VISIÓN

Maximizar el efecto de recursos cristianos de calidad que transforman vidas.

NUESTRA MISIÓN

Desarrollar y distribuir productos de calidad —con integridad y excelencia—, desde una perspectiva bíblica y confiable, que animen a las personas a conocer y servir a Jesucristo.

NUESTROS VALORES

Nuestros valores se encuentran fundamentados en la Biblia, fuente de toda verdad para hoy y para siempre. Nosotros ponemos en práctica estas verdades bíblicas como fundamento para las decisiones, normas y productos de nuestra compañía.

Valoramos la excelencia y la calidad
Valoramos la integridad y la confianza
Valoramos el mérito y la dignidad de los individuos y las relaciones
Valoramos el servicio
Valoramos la administración de los recursos

Para más información acerca de nuestra editorial y los productos que publicamos visite nuestra página en la red: www.portavoz.com